As Origens da Pós-Modernidade

CB130425

Perry Anderson

As Origens da Pós-Modernidade

Tradução:
Marcus Penchel

ZAHAR

Copyright © 1998 by Perry Anderson

Tradução autorizada da primeira edição inglesa
publicada em 1998 por Verso, de Londres, Inglaterra

Título original
The Origins of Postmodernity

Capa
Carol Sá

CIP-Brasil. Catalogação-na-fonte
Sindicato Nacional dos Editores de Livros, RJ

Anderson, Perry

A561o As origens da pós-modernidade / Perry Anderson; tradução de Marcus Penchel. — 1ª ed. — Rio de Janeiro: Zahar, 1999.

Tradução de: The Origins Of Postmodernity.
ISBN 978-85-7110-501-0

1. Pós-modernismo. 2. Civilização moderna – 1950-. I. Título.

99-0371 CDD: 303.4
CDU: 301.175

Todos os direitos desta edição reservados à
EDITORA SCHWARCZ S.A.
Praça Floriano, 19, sala 3001 — Cinelândia
20031-050 — Rio de Janeiro — RJ
Telefone: (21) 3993-7510
www.companhiadasletras.com.br
www.blogdacompanhia.com.br
facebook.com/editorazahar
instagram.com/editorazahar
twitter.com/editorazahar

Sumário

Prefácio

Este ensaio teve início quando me pediram para fazer a introdução de uma nova coletânea de textos de Fredric Jameson, *The Cultural Turn*. Minha introdução acabou ficando extensa demais. Ao publicá-la como texto independente, porém, não quis alterar a forma: ela é melhor compreendida junto com o livro que a inspirou. Embora nunca tenha escrito sobre uma obra que de alguma forma não admirasse, um elemento de resistência sempre foi no passado um componente do impulso para fazê-lo. A admiração intelectual é de todo modo uma coisa e a simpatia política, outra. Este livrinho tenta fazer algo mais, que sempre achei difícil: expressar o sentido da realização de um pensador em relação ao qual, devo dizer, careço da segurança proporcionada pela necessária distância. Não tenho certeza se consegui. Mas é mais do que hora para um amplo debate sobre a obra de Jameson e esta tentativa pode ao menos encorajá-lo.

O título do livro tem uma dupla referência. O objetivo principal do ensaio é fornecer um relato mais histórico das origens da idéia da pós-modernidade do que os atualmente disponíveis: um balanço que identifique de forma mais precisa suas diversas fontes nos respectivos cenários espaciais, políticos e intelectuais, com maior atenção para a seqüência cronológica – e também para os enfoques locais – do que tem sido costumeiro. Só contra este pano de fundo, argumento, é que a marca peculiar da contribuição de Jameson transparece plenamente. Um propósito secundário é levantar, de maneira mais experimental, algumas das condições que podem ter produzido o pós-moderno – não como idéia, mas como fenômeno. Em parte, tais comentários pretendem rever uma tentativa anterior de situar as premissas do modernismo no fim de século passado e, em parte, tentam engajar-se no animado debate literário contemporâneo sobre essas questões.

Gostaria de agradecer a ajuda do Wissenschaftskolleg de Berlim, onde este trabalho foi concluído, e dos seus excepcionais bibliotecários, e de manifestar o meu débito geral para com Tom Mertes e meus alunos em Los Angeles.

1
Primórdios

Lima – Madri – Londres

"Pós-modernismo", como termo e idéia, supõe o uso corrente de "modernismo". Ao contrário da expectativa convencional, ambos nasceram numa periferia distante e não no centro do sistema cultural da época: não vêm da Europa ou dos Estados Unidos, mas da América hispânica. Devemos a criação do termo "modernismo" para designar um movimento estético a um poeta nicaragüense que escrevia num periódico guatemalteco sobre um embate literário no Peru. O início por Rubén Darío, em 1890, de uma tímida corrente que levou o nome de *modernismo* inspirou-se em várias escolas francesas – romântica, parnasiana, simbolista – para fazer uma "declaração de independência cultural" face à Espanha, que desencadeou naquela década um movimento de emancipação das próprias letras espanholas em relação ao passado.[1] Enquanto em inglês a noção de "modernismo" só passou ao uso geral meio século depois, em espanhol já integrava o cânone da geração anterior. Nisso os retardatários ditaram os termos do desenvolvimento metropolitano – assim como no século XIX "liberalismo" foi uma invenção do levante espanhol contra a ocupação francesa na época de Napoleão, uma exótica expressão de Cádiz que só muito depois se tornaria corrente nos salões de Paris ou Londres.

Assim, também a idéia de um "pós-modernismo" surgiu pela primeira vez no mundo hispânico, na década de 1930, uma geração antes do seu aparecimento na Inglaterra ou nos Estados Unidos. Foi um amigo de Unamuno e Ortega, Federico de Onís, quem imprimiu o termo *postmodernismo*. Usou-o para descrever um refluxo conservador dentro do próprio modernismo: a busca de refúgio contra o seu formidável desafio lírico num perfeccionismo do detalhe e do humor irônico, em surdina, cuja principal característica foi a nova expressão autêntica que concedeu às mulheres. Onís contrastava esse modelo – de vida curta, pensava – com sua seqüela, um *ultramodernismo* que levou os impulsos radicais do modernismo a uma nova intensidade numa série de vanguardas que criavam então uma "poesia rigorosamente contemporânea" de alcance universal.[2] A famosa antologia de poetas de língua espanhola organizada por Onís segundo esse esquema foi publicada em Madri em 1934, quando a esquerda assumiu o comando da república na contagem regressiva para a Guerra Civil. Dedicada a Antonio Machado, seu panorama do "ultramodernismo" terminava em Llorca, Vallejo, Borges e Neruda.

Criada por Onís, a idéia de um estilo "pós-moderno" entrou para o vocabulário da crítica hispanófona, embora raramente usada por escritores subseqüentes com a precisão que ele lhe dava;[3] mas não teve maior ressonância. Só uns vinte anos depois o termo surgiu no mundo anglófono, num contexto bem diferente – como categoria de época e não estética. No primeiro volume do seu *Study of History*, também publicado em 1934, Arnold Toynbee argumentava que duas poderosas forças concorreram para moldar a história recente do Ocidente: o industrialismo e o nacionalismo. Desde o último quartel do século XIX, porém, um e outro entraram em destrutiva contradição mútua, quando a escala internacional da indústria rompeu as barreiras da nacionalidade, embora o contágio do nacionalismo mesmo se reduzisse a comunidades cada vez menores e menos viáveis. A Grande Guerra originou-se do conflito entre essas duas tendências, deixando inequivocamente claro que uma nova era surgia em que o poder nacional não podia mais ser auto-suficiente. Era dever dos historiadores achar um novo horizonte apropriado para a época, que só podia ser encontrado no nível mais elevado das civilizações, acima da ultrapassada categoria das nações-Estados.[4] Foi a tarefa que Toynbee se atribuiu nos seis volumes do seu *Study* publicado – ainda incompleto – antes de 1939.

Quando retomou a publicação da obra quinze anos depois, a visão de Toynbee tinha mudado. A Segunda Guerra Mundial vingou a inspiração inicial do historiador – uma profunda hostilidade ao nacionalismo e uma forte suspeita em relação ao industrialismo. A descolonização também confirmou a cética visão de Toynbee sobre o imperialismo ocidental. A classificação de períodos que havia proposto vinte anos antes tomou então forma mais clara em sua mente. No oitavo volume, publicado em 1954, chamou a época iniciada com a guerra franco-prussiana de "idade pós-moderna". Mas sua definição continuava essencialmente negativa. "As comunidades ocidentais tornaram-se 'modernas'", escreveu, "tão logo conseguiram produzir uma burguesia numerosa e competente o bastante para se tornar o elemento predominante na sociedade."[5] Em contraste, na idade pós-moderna essa classe média não estava mais em posição de mando. Toynbee foi menos definitivo sobre o que se seguiu. Mas sem dúvida a idade pós-moderna era marcada por duas evoluções: a ascensão de uma classe operária industrial no Ocidente e o convite de sucessivas *intelligentsias* fora do Ocidente a dominar os segredos da modernidade e voltá-los contra o mundo ocidental. As reflexões mais prestigiadas de Toynbee sobre o surgimento de uma época pós-moderna são acerca dessas últimas. Os exemplos que deu foram os do Japão da era Meiji, a Rússia bolchevique, a Turquia de Mustafá Kemal e a recém-nascida China maoísta.[6]

Toynbee não era especial admirador desses regimes. Mas era severo com as derradeiras e arrogantes ilusões do Ocidente imperial. Ao findar o século XIX, escreveu, "uma classe média ocidental de prosperidade e conforto sem precedentes considerava lógico que o fim de uma era da história de uma civilização era o fim da própria História – pelo menos no que lhe dizia respeito e aos de seu tipo. Imaginava que, em seu benefício, uma Vida Moderna sadia, segura e satisfatória tinha milagrosamente chegado para ficar, como um eterno presente."[7] Completamente deslocada na época, "no Reino Unido, na Alemanha e no norte dos Estados Unidos a complacência de uma burguesia ocidental pós-moderna continuou inabalada até a eclosão da primeira guerra generalizada pós-moderna em 1914 d.C."[8] Quatro décadas depois, confrontado com a perspectiva de uma terceira guerra – nuclear –, Toynbee decidiu que a própria categoria de civilização, com a qual se propusera reescrever o padrão de desenvolvimento humano, não era mais pertinente. Em certo sentido, a civilização ocidental – como primado desenfreado da tecnologia – tinha se tornado universal, mas prometia enquanto tal apenas a ruína mútua de todos. Uma autoridade política global, baseada na hegemonia de uma potência, era a condição de uma saída segura para a guerra fria. Mas a longo prazo só uma religião universal – que seria necessariamente uma fé sincrética – poderia garantir o futuro do planeta.

Shansi – Angkor – Yucatán

Os erros empíricos de Toynbee e suas conclusões proféticas combinaram-se para isolar a sua obra numa época em que se esperava fosse menos nebuloso o compromisso de luta contra o comunismo. Depois de polêmicas iniciais, foi logo esquecida e com ela o argumento de que o século XX já podia ser descrito como uma era pós-moderna. Não seria esse o caso com a origem praticamente contemporânea do termo – na verdade, ligeiramente anterior – na América do Norte. Em carta ao também poeta Robert Creeley ao retornar da península do Yucatán no verão de 1951, Charles Olson começa falando de um "mundo pós-moderno", posterior à era imperial dos Descobrimentos e da Revolução Industrial. "A primeira metade do século XX", dizia mais adiante, foi "o pátio de manobras em que o moderno virou isso que temos, o pós-moderno, ou pós-Ocidente".[9] Em 4 de novembro de 1952, o dia em que Eisenhower foi eleito presidente, Olson elaborou um manifesto lapidar – supostamente fornecendo informação para um catálogo biográfico de *Twentieth Century Authors* – que começava com estas palavras: "minha mudança é que considero o presente como prólogo, não o passado." E terminava com uma definição desse "'presente vivo em andamento'" como "pós-moderno, pós-humanista, pós-histórico".[10]

O sentido desses termos vinha de um típico projeto poético. A formação de Olson remonta ao New Deal. Atuante na quarta campanha presidencial de Roosevelt como chefe da Divisão de Nacionalidades Estrangeiras do Comitê Nacional Democrata, após a vitória eleitoral Olson foi descansar em Key West no começo de 1945 com outros funcionários do partido, esperando uma promoção no novo governo. Lá, mudando de repente o curso de sua vida, começou a planejar um épico intitulado *Ocidente*, abrangendo toda a história do mundo ocidental desde Gilgamesh – mais tarde Ulisses – até o presente na América, e escreveu um poema, originalmente intitulado *Telegrama*, renunciando ao serviço público mas não à responsabilidade política: "os negócios humanos continuam sendo uma preocupação central". De volta a Washington, escreveu sobre Melville, defendeu Pound e trabalhou para Oskar Lange – um amigo do período de guerra, agora embaixador polonês na ONU – fazendo *lobby* do novo governo de Varsóvia junto à administração americana. Abalado pelo bombardeio nuclear de Hiroshima e Nagasaki, opôs-se à reindicação de Truman como delegado à Convenção Democrata de 1948.[11]

Quando estava pronto para atacar o seu tema épico, já tinha mudado o compasso. Em meados de 1948 escreveu em *Notes for the Proposition: Man is Prospective*: "o espaço é a marca da nova história e a medida de trabalho agora adotada é a profundidade da percepção de espaço, na medida em que o espaço informa os objetos e contém, em antítese com o tempo, segredos de uma humanitas despojada dos limites contemporâneos ... O homem como objeto, não como massa ou dado econômico, é a semente contida em todas as propostas de ação coletiva baseadas em Marx. Essa semente, não a tática que meramente garante votos ou golpes de Estado, é o segredo do poder e do apelo do coletivismo sobre a mente humana. É o grão na pirâmide e, se deixarem que continue apodrecendo sem reconhecimento, o coletivismo vai apodrecer como apodreceu no nazismo e como o capitalismo apodreceu por uma lei antinômica parecida. (Acresce a persistente indiferença diante do que a Ásia fará do coletivismo, embora sua mera quantidade populacional seja suficiente para mover a Terra, e deixa-se de lado o peso moral de líderes como Nehru, Mao, Sjahrir)."[12] Destes, um foi de especial importância para Olson. Em 1944, como oficial de ligação com a Casa Branca do Departamento de Informação de Guerra, tinha ficado furioso com a preferência da política norte-americana pelo regime do Kuomintang na China e a hostilidade com a base comunista em Yenan. Depois da guerra, dois amigos o mantiveram em contato com os acontecimentos na China: Jean Riboud, jovem banqueiro francês que participou da Resistência e então associado a Cartier-Bresson em Nova York; e Robert Payne, escritor inglês de estilo à Malraux, professor em Kunming durante a guerra sino-japonesa e, depois dela, repórter do que se passava em Yenan, cujos diários fornecem uma imagem indelével do colapso moral do regime de Chiang Kai-shek e da ascensão da alternativa de Mao às vésperas da guerra civil.[13]

No último dia de janeiro de 1949, após um cerco pacífico, tropas comunistas entraram em Pequim, completando a libertação do nordeste da China. Quase imediatamente, Olson começou a compor um poema concebido como resposta à obra-prima modernista de Eliot – nas suas próprias palavras, um *Anti-Wasteland*.[14] Terminou um primeiro esboço antes que o Exército Popular de Libertação cruzasse o Yangtsé. O poema foi concluído durante o verão em Black Mountain. Xangai tinha caído, mas

Kuangchow e Tchungking ainda estavam sob controle do Kuomintang; a República Popular ainda não fora proclamada. *Os martins-pescadores*, com seu grande exórdio monossilábico

> *What does not change / is the will to change*
> [O que não muda / é a vontade de mudar]

coloca a revolução chinesa não sob o signo do novo, mas do antigo. O poema abre com a lenda do comércio de Angkor Wat com a plumagem azul-esverdeada do martim-pescador e o enigma da pedra de Plutarco em Delfos, mesclando um informe de Mao ao Partido Comunista Chinês – tempo e espaço em equilíbrio contrapontístico:

> Pensei no E da pedra e no que disse Mao
> "la lumière
> mas o martim-pescador
> "de l'aurore
> mas o martim-pescador voou para o ocidente
> "est devant nous!"
> a cor que tem no peito ele tomou
> do calor do sol poente!

A transfusão lírica é breve: a ornitologia dissemina os atributos míticos dos *Quatro quartetos*.

> As lendas são
> lendas. Morto, desligado, o martim-pescador
> não indicará um vento favorável
> nem evitará o relâmpago. Nem, aninhando,
> aquietará as águas por sete dias com o ano novo.

Longe do ar livre, no fundo do túnel formado por uma ribanceira, o pássaro que ruma para o poente cria um ninho abominável com os restos de sua presa. O que é aéreo e iridescente alimenta-se da imundície e das trevas:

> Nesses refugos
> (que vão se acumulando numa estrutura
> em forma de xícara) nascem os filhotes.
> E, à medida que se alimentam e crescem, esse
> ninho de excrementos e peixe em decomposição
> vira uma massa fétida gotejante
> Mao concluiu:
> nous devons
> nous lever
> et agir![15]

O poema, porém, persiste, abrangente:

> A luz está no oriente. Sim. E temos que nos levantar, agir. Mas
> no ocidente, apesar da aparente escuridão (a brancura
> que tudo cobre), se você olhar, se puder suportar, se puder,
> por tempo suficiente
>
> por tanto tempo quanto ele, meu guia, precisou
> olhar o amarelo daquela rosa, a mais derradeira,
> então você deve

Pois os povos primitivos da América vieram outrora da Ásia e suas civilizações – por mais sombrias – eram menos brutais que as dos europeus que os conquistaram, deixando a seus descendentes enigmas de uma vida ainda a ser recuperada. Fazendo eco a versos de Neruda em *Alturas de Machu-Picchu*, traduzidos para o inglês poucos meses antes –

> Não só uma morte mas muitas,
> não acumulação mas mudança, a regeneração prova,

a regeneração é

a lei

– o poema termina com a busca de um futuro escondido em imundície e ruínas:

Faço a vocês sua pergunta:

descobrirão mel / onde há larvas?
Eu caço entre pedras

O manifesto estético de Olson, *Projective Verse*, veio à luz no ano seguinte. A defesa da composição livre como desdobramento do verso objetivista de Pound e Williams seria sua declaração de maior influência. Mas a acolhida que lhe deram deixou em geral de respeitar, em relação a sua própria poesia, o lema que tomou a Creeley – "a forma nunca é mais que uma extensão do conteúdo".[16] Poucos poetas foram desde então tratados mais formalmente. Na verdade, os temas de Olson formam um *complexio oppositorum* distinto de qualquer outro. Crítico feroz do humanismo racionalista – "essa presunção peculiar com que o homem ocidental se interpôs entre o que é como criatura da natureza e essas outras criações naturais que podemos, sem depreciação, chamar de objetos"[17]–, Olson podia parecer próximo de uma concepção heideggeriana do Ser como integridade primordial. Mas nos seus versos tratava os automóveis como coisa familiar e foi o primeiro poeta a se valer da cibernética de Norbert Wiener. Tinha grande atração por culturas antigas, maia ou pré-socráticas, encarando o nascimento da arqueologia como um avanço decisivo no conhecimento humano, porque podia ajudar na recuperação dessas culturas. Mas via o futuro como um projeto coletivo da autodeterminação humana – o homem como "perspectiva". Num extremo da sua imaginação estava Anaximandro, no outro Rimbaud. Democrata e antifascista, Olson assumiu a *persona* de Yeats para defender Pound contra a prisão e como patriota produziu talvez o único poema não mistificador sobre a Guerra de Secessão.[18] A revolução contemporânea vinha do Oriente, mas a América era ligada à Ásia: as cores da alvorada na China e do vôo para o Ocidente refletiam a luz de uma única órbita. A frase que Olson usava para se definir – "após a dispersão, um arqueólogo da manhã" – capta a maioria desses significados.

Foi aí, portanto, que se reuniram pela primeira vez os elementos para uma concepção afirmativa do pós-moderno. Com Olson, uma teoria estética ligou-se a uma história profética, com uma agenda que aliava a inovação poética à revolução política na tradição clássica das vanguardas européias do período anterior à guerra. É espantosa a continuidade com o *Stimmung* [tom, em alemão – N.T.] original do modernismo, num sentido elétrico do presente, carregado de um futuro momentoso. Mas nenhuma doutrina correspondente se cristalizou. Olson, que se achava tímido, foi interrogado pelo FBI no começo dos anos 50 por ligações suspeitas durante a guerra. O Black Mountain College, do qual foi o último diretor, fechou as portas em 1954. Nos anos da reação, sua poesia tornou-se mais esporádica e sintética. E a referência ao pós-moderno sumiu.

Nova York – Harvard – Chicago

No final dos anos 50, quando o termo reapareceu, fora apropriado por outras mãos – mais ou menos casuais – como indicação negativa do que era *menos*, não mais, moderno. Em 1959, C. Wright Mills e Irving Howe o empregaram nesse sentido – e não por coincidência: ambos pertenciam ao mesmo ambiente de esquerda nova-iorquino. O sociólogo, de modo mais cáustico, usou o termo para indicar uma época na qual os ideais modernos do liberalismo e do socialismo tinham simplesmente falido, quando a razão e a liberdade se separaram numa sociedade pós-moderna de impulso cego e conformidade vazia.[19] O crítico, de modo mais brando, usou-o para descrever uma ficção contemporânea incapaz de sustentar a tensão modernista com uma sociedade circundante cujas divisões de classe tornavam-se cada vez mais amorfas com a prosperidade do pós-guerra.[20] Um ano depois, inspirando-se no uso que dela fez Toynbee, Harry Levin deu à idéia de formas pós-modernas um contorno mais agudo, para descrever uma literatura derivada que havia renunciado aos rígidos padrões intelectuais do modernismo em prol de uma relaxada meia síntese – sinal de uma nova cumplicidade entre o artista e o burguês numa suspeita encruzilhada de cultura e comércio.[21] Aí tem início uma versão inequivocamente pejorativa do pós-moderno.

Nos anos 60, ela mudou de novo – ainda amplamente – para sinal fortuito, estranho. Em meados da década o crítico Leslie Fiedler, antítese temperamental de Levin, fez uma conferência sob o patrocínio do Congresso da Liberdade Cultural, organizado pela CIA para atuar na frente intelectual da guerra fria. Nesse cenário improvável, ele celebrou o surgimento de uma nova sensibilidade entre a geração mais jovem da América, que era uma geração de "excluídos da história", mutantes culturais cujos valores – desinteresse e desligamento, alucinógenos e direitos civis – encontravam expressão e acolhida numa nova literatura pós-moderna.[22] Fiedler explicaria depois na *Playboy* que essa literatura produziria um cruzamento de classes e uma mistura de gêneros, repudiando as ironias e formalismos modernistas, para não falar nas distinções entre elevado e inferior, numa volta desinibida ao sentimental e burlesco. Em 1969, a versão de Fiedler para o pós-moderno podia ser vista, no seu apelo à emancipação do vulgar e à liberação dos instintos, como um eco prudentemente despolitizado da insurreição estudantil da época, que, ao contrário, não se poderia certamente considerar indiferente à história.[23] Refração semelhante pode ser detectada na sociologia de Amitai Etzioni, mais tarde famoso por sua pregação da comunidade moral, cujo livro *The Active Society*, dedicado a seus alunos em Colúmbia e Berkeley no ano da rebelião universitária, falava num período "pós-moderno" a partir do fim da guerra no qual declinava o poder das grandes empresas e das elites estabelecidas e em que a sociedade podia pela primeira vez tornar-se uma democracia "senhora de si mesma".[24] A inversão argumentativa é simplesmente total em relação à *Imaginação sociológica* de Mills.

Mas se o emprego do termo por Howe e Mills foi invertido com simetria disciplinar por Fiedler e Etzioni, todos ainda constituíam improvisação terminológica ou posição casual. Uma vez que o moderno – estético ou histórico – é sempre em princípio o que se deve chamar um presente absoluto, ele cria uma dificuldade peculiar para a definição de qualquer período posterior, que o converteria num passado relativo. Nesse sentido, o recurso a um simples prefixo denotando o que vem depois é virtualmente inerente ao próprio conceito, cuja recorrência se poderia esperar de antemão sempre que se fizesse sentir a necessidade ocasional de um marcador de diferença temporal. O uso nesse sentido do termo "pós-moderno" sempre foi de importância circunstancial. Mas o desenvolvimento teórico é outra coisa. A noção de pós-moderno só ganhou difusão mais ampla a partir dos anos 70.

Notas

1. "Ricardo Palma", *Obras completas*, vol.2, Madri, 1950, p.19: "o novo espírito que anima um pequeno mas orgulhoso e triunfante grupo de escritores e poetas na América espanhola de hoje: o modernismo".

2. Federico de Onís, *Antología de la poesía española e hispanoamericana (1882-1932)*, Madri, 1934, p.xiii-xxiv. Para a visão de Onís quanto à especificidade do modernismo hispanófono, do qual considerava Martí e Unamuno pensadores representativos, ver "Sobre el concepto del modernismo", *La Torre*, abril-junho de 1953, p.95-103. Há um ótimo retrato sintético do próprio Darío na *Antología*, mas sua concepção básica pode ser encontrada na celebração que fez de Machado: "Antonio Machado (1875-1939)", *La Torre*, janeiro-junho de 1964, p.16; e para recordações

sobre sua posição na época, ver Aurelio Pego, "Onís, el Hombre", *La Torre*, janeiro-março de 1968, p.95-6.

3. A influência desse uso não se confinou ao mundo de fala espanhola, estendendo-se também ao mundo luso-brasileiro. Para um curioso exemplo, ver Bezerra de Freitas, *Forma e expressão no romance brasileiro – Do período colonial à época post-modernista*, Rio de Janeiro, 1947, em que o modernismo brasileiro é datado da Semana de Arte Moderna de São Paulo, em 1922, sob o impacto do futurismo e associado essencialmente à ruptura promovida por Mário de Andrade, e o pós-modernismo tido como inaugurado por uma reação indigenista nos anos 30: p.319-26, 344-6.

4. *A Study of History*, vol.1, Londres, 1934, p.12-15.

5. *A Study of History*, vol.8, p.338.

6. *A Study of History*, vol.8, p.339-46.

7. *A Study of History*, vol.9, Londres, 1954, p.420.

8. *A Study of History*, vol.9, p.421.

9. Charles Olson e Robert Creeley, *The Complete Correspondence*, vol.7, Santa Rosa, 1987, p.75, 115, 241, cartas datadas de 9.8.51, 20.8.51 e 3.10.51. A última é uma extensa declaração de Olson intitulada "A Lei", em que o ato de terror nuclear encerra a idade moderna. "Bem recentemente, uma porta se fechou com estrondo", escreve Olson. "A bioquímica é pós-moderna. E a eletrônica já é uma ciência da comunicação – o 'humano' já é a 'imagem' da máquina de computar": p.234.

10. *Twentieth Century Authors – First Supplement*, Nova York, 1955, p.741-2.

11. Ver Tom Clark, *Charles Olson. The Allegory of a Poet's Life*, Nova York, 1991, p.84-93, 107-12, 138.

12. "Notes for the Proposition: Man is Prospective", *Boundary 2*, II, 1-2, outono-inverno de 1973-74, p.2-3.

13. Robert Payne, *Forever China*, Nova York, 1945; *China Awake*, Nova York, 1947.

14. Para a nota do manuscrito de Olson definindo seu poema contra o de Eliot, ver o magistral ensaio de George Butterwick, "Charles Olson's 'The Kingfishers' and the Poetics of Change", *American Poetry*, VI, nº2, inverno de 1989, p.56-7.

15. O chamado de Mao são as palavras finais do Informe ao Comitê Central do PCC reunido de 25 a 28 de dezembro de 1947 em Yangtchiakou, no Shansi. Ver "The Present Situation and Our Tasks", *Selected Works*, vol.4, Pequim, 1969, p.173. Olson citou-as na tradução francesa do discurso que lhe passou Jean Riboud.

16. "Prejective Verse", *Selected Writings of Charles Olson*, org. Robert Creeley, Nova York, 1966, p.16.

17. "Projective Verse", p.24.

18. *Anedotas da última guerra*, que começa assim: "o letárgico vs. a violência como alternativas mútuas / para los americanos" e termina com: "Grant não se afobou. / Tinha simplesmente a maioria. / E mais dessa maioria morreu." Compare-se com o pietismo bem-intencionado de *Para os mortos da União.*

19. "Estamos no final da chamada Idade Moderna. Assim como a Antigüidade foi seguida por vários séculos de ascendência oriental, que os ocidentais chamam provincianamente de Idade das Trevas, assim também a Idade Moderna está sendo seguida agora por um período pós-moderno." C. Wright Mills, *The Sociological Imagination*, Nova York, 1959, p.165-7.

20. Irving Howe, "Mass Society and Post-Modern Fiction", *Partisan Review*, verão de 1959, p.420-36; reimpresso com um pós-escrito em *Decline of the New*, Nova York, 1970, p.190-207. O artigo, embora não faça referência à obra de Mills, tem uma clara dependência em relação a ela e particularmente a *White Collar*: em especial sua definição da "sociedade de massa" como "meio bem-estar, meio praça forte", na qual os "públicos coerentes se desintegram".

21. "What was Modernism?", *The Massachusetts Review*, agosto de 1960, p.609-30; reimpresso com uma nota preliminar em *Refractions*, Nova York, 1966, p.271-95.

22. "The New Mutants", *Partisan Review*, verão de 1965, p.505-25; reimpresso em *Collected Papers*, vol.2, Nova York, 1971, p.379-400. Howe lamenta esse texto, como era de se esperar, num estudo queixoso intitulado "The New York Intellectuals", *Commentary*, outubro de 1968, p.49; reimpresso em *The Decline of the New*, p.260-1.

23. "Cross the Border, Close the Gap", *Playboy*, dezembro de 1969, p.151, 230, 252-258; reimpresso em *Collected Papers*, vol.2, p.46l-85.

24. *The Active Society*, Nova York, 1968, p.vii, 528.

2
Cristalização

Atenas – Cairo – Las Vegas

O momento realmente decisivo veio com o lançamento, no outono de 1972, de uma publicação que trazia expressamente o subtítulo *Revista de Literatura e Cultura Pós-modernas* – o periódico *boundary 2* [*fronteira 2*]. O legado de Olson ressurgiu. O ensaio chave na primeira edição, de autoria de David Antin, intitulava-se "Modernismo e pós-modernismo: abordando o presente na poesia americana". Antin varria todo o cânone, de Eliot a Tate, Auden e Lowell, com um relance inclusive sobre Pound como tradição sub-repticiamente provinciana e regressiva cujas propensões métricas e morais nada tinham a ver com o autêntico modernismo internacional – o verso de Apollinaire, Marinetti, Khlebnikov, Lorca, József, Neruda – cujo princípio era a intensa colagem. Na América do pós-guerra, foram os poetas de Black Mountain e sobretudo Charles Olson que recobraram suas energias.[1] A vitalidade do presente pós-moderno, após a falência de uma debilitada ortodoxia poética nos anos 60, deveu tudo a esse exemplo. Um ano depois, *boundary 2* dedicou uma edição dupla a "Charles Olson: reminiscências, ensaios, crítica" – a primeira avaliação integral desde sua morte.

Foi essa acolhida que pela primeira vez estabeleceu a idéia de pós-moderno como referência coletiva. No processo, porém, sofreu uma alteração. O apelo de Olson por uma literatura prospectiva para além do humanismo foi lembrado e reverenciado. Mas seu compromisso político com um futuro espontâneo para além do capitalismo – o outro lado da "coragem" de Rimbaud saudada em *Os martins-pescadores* – passou ao largo. Não que *boundary 2* fosse destituída de ímpeto radical. Seu criador, William Spanos, decidiu fundar a revista ao ficar chocado com o conluio entre os EUA e a junta grega, quando professor visitante na Universidade de Atenas. Explicaria depois que "naquela época 'moderno' significava literalmente a literatura modernista que havia desencadeado o *New criticism* e o *New criticism* que havia definido o modernismo nos seus próprios termos autotélicos". Em Atenas ele percebeu "uma espécie de cumplicidade" entre a ortodoxia estabelecida dentro da qual fora educado e o insensível oficialismo que testemunhava. Ao voltar à América, concebeu *boundary 2* como uma ruptura com ambas as coisas. No auge da guerra do Vietnã, seu objetivo era "fazer a literatura voltar ao domínio do mundo", no "momento mais dramático da hegemonia americana e do seu colapso", e demonstrar que o "pós-modernismo é uma espécie de rejeição, um ataque, um solapamento por parte do formalismo estético e do conservadorismo político do *New criticism*".[2]

Mas os rumos da publicação nunca coincidiram exatamente com a sua intenção. A oposição mesma de Spanos ao governo Nixon não foi posta em dúvida – fora preso por se manifestar contra a política governamental. Mas vinte anos de guerra fria tinham tornado o clima pouco propício a uma fusão de visões política e cultural: a unidade de Olson não foi restaurada. *Boundary 2* permaneceu, na análise retrospectiva do próprio editor, essencialmente uma revista literária, marcada por um existencialismo originalmente sartriano e depois cada vez mais atraído por Heidegger. O resultado foi que o objetivismo de Olson voltou-se para uma metafísica heideggeriana do Ser, que no devido tempo tornou-se a tendência dominante na revista. O espaço intramundano do pós-moderno ficou dessa forma, por assim dizer, vago. Logo seria, entretanto, ocupado por um intruso marginal. Entre os primeiros colaboradores da revista estava Ihab Hassan, crítico que publicou seu primeiro ensaio sobre pós-modernismo pouco antes do lançamento de *boundary 2*. Egípcio de nascimento, filho de um governador aristocrata do período de entre-guerras famoso pela repressão de uma manifestação nacionalista contra a tutela britânica,[3] o interesse inicial de Hassan estava num elevado modernismo reduzido a um mínimo de expressão: o que chamava de "literatura do silêncio", que ia de Kafka a Beckett. Quando, porém, lançou a noção de pós-modernismo, em 1971, Hassan incluiu essa linhagem num espectro bem mais amplo de tendências que ou radicalizavam ou rejeitavam as principais características do modernismo: uma configuração que se estendia às artes visuais, à música, à tecnologia e à sensibilidade em geral.[4]

Seguia-se uma extensa enumeração de tendências e artistas, de Mailer a *Tel Quel*, dos *hippies* ao conceitualismo. Nesse espectro heterogêneo, porém, distinguia-se um agrupamento nuclear. Três nomes especialmente reapareciam com freqüência: John Cage, Robert Rauschenberg e Buckminster Fuller. Os três eram ligados ao Black Mountain College. Olson, por outro lado, estava ausente. Seu lugar era, digamos, ocupado por uma quarta figura – Marshall McLuhan. Nessa combinação, o pivô era evidentemente Cage, amigo íntimo de Rauschenberg e de Fuller e sincero admirador de McLuhan. Cage era também, claro, o principal esteta do silêncio, com sua famosa composição *4'33"* excedendo o gestual de qualquer drama mudo. Quando Hassan concluiu sua investigação dos variados indícios do pós-modernismo – desde a espaçonave Terra à aldeia global, da facção ao *happening*, da redução aleatória à paródia extravagante, da inconstância à intermediação – e procurou sintetizá-los como tantas "anarquias do espírito", jocosamente subvertendo as altivas verdades do modernismo, o compositor era um dos pouquíssimos artistas que se podiam relacionar de modo razoável à maior parte da lista.

Em ensaios subseqüentes, Hassan usou a noção de Foucault de corte epistemológico para indicar mudanças semelhantes na ciência e na filosofia, na esteira de Heisenberg ou Nietzsche. Nessa veia, argumentou que a unidade subjacente do pós-moderno está no "jogo entre indefinição e imanência", cujo gênio fundador nas artes foi Marcel Duchamp. A lista de sucessores inclui Ashbery, Barth, Barthelme e Pynchon na literatura e Rauschenberg, Warhol e Tinguely nas artes visuais. Em 1980, Hassan anexou um rol praticamente completo de motivos pós-estruturalistas a uma elaborada taxonomia da diferença entre os paradigmas modernos e pós-modernos, expandindo mais ainda o seu almanaque de pós-modernistas.[5] Mas um problema maior permanecia: o pós-modernismo, perguntava, é "apenas uma tendência artística ou também um fenômeno social?" E, "neste caso, como se juntam e separam os vários aspectos desse fenômeno – psicológicos, filosóficos, econômicos, políticos?" A essas perguntas não deu uma resposta coerente, embora fizesse uma importante observação: "o pós-modernismo, como forma de mudança literária, poderia ser distinguido tanto das vanguardas mais antigas (cubista, futurista, dadaísta, surrealista etc.) como do modernismo. Nem olímpico e distante como este nem boêmio e rebelde como aquelas, o pós-modernismo sugere um tipo diferente de acomodação entre a arte e a sociedade."[6]

Que tipo? Se era para investigar a diferença, seria difícil evitar a política. Mas aí Hassan recuou. "Confesso alguma aversão à raiva ideológica (a pior, atualmente, com uma paixão intensa *e* sem nenhuma convicção) e à prepotência dos dogmáticos religiosos e seculares. Admito certa ambivalência em relação à política, que pode sobrecarregar nossas reações à arte e à vida."[7] Logo seria mais específico quanto a suas aversões, atacando os críticos marxistas por se submeterem ao "jugo de ferro da ideologia" no "seu disfarçado determinismo social, preconceito coletivista e desconfiança sobre o prazer estético". Era de longe preferível, como filosofia da pós-modernidade, "o blefe do espírito de tolerância e a opção do pragmatismo americano", sobretudo na forma expansiva e festiva de William James, cujo pluralismo dava um alívio ético às ansiedades atuais.[8] Quanto à política, as velhas definições perderam praticamente todo significado. Termos como "esquerda e direita, base e superestrutura, produção e reprodução, materialismo e idealismo" tornaram-se "quase inúteis, a não ser para perpetuar o preconceito".[9]

A concepção de Hassan para o pós-moderno, embora pioneira em muitas de suas percepções – ele foi o primeiro a estendê-la a todas as artes e a notar características mais tarde amplamente aceitas –, tinha assim um limite embutido: barrava a passagem ao social. Esta foi sem dúvida uma das razões pelas quais ele saiu de campo no fim dos anos 80. Mas havia outra, inerente à visão que tinha da própria arte. O compromisso original de Hassan era com as formas exasperadas do modernismo clássico – Duchamp, Beckett: exatamente o que Onís definiu com presciência nos anos 30 como "ultramodernismo". Quando começou a examinar o ambiente cultural dos anos 70, Hassan construiu a cena sobretudo através desse prisma. O papel estratégico foi atribuído a vanguardas que remontavam à matriz de Black Mountain. Tal avaliação tinha muito em sua defesa. Mas havia sempre outro aspecto do panorama que Hassan tentava descrever que estava muito mais próximo da lânguida ou decorativa involução do *élan* modernista que Onís tinha caracterizado como "pós-modernismo". Warhol poderia resumir essa corrente.

A sinopse inicial de Hassan a incluía, ainda que sem ênfase. Com o tempo, porém, percebeu que essa era talvez a direção geral que tomava o pós-moderno. Em meados da década, uma exposição de *design* no Grand Palais intitulada *Estilos 85*, que exibia uma vasta coleção de objetos pós-modernos, "de clipes de papel a iates", provocou-lhe certa repulsa: "caminhando em meio a essa brilhante miscelânea, hectares de *esprit*, paródia, ironia, senti o sorriso gelar nos lábios."[10] Quando escreveu a introdução à sua coletânea de textos sobre o assunto, *The Postmodern Turn* [*A guinada pós-moderna*], em 1987, deixou claro que o título era também uma espécie de adeus: "o próprio pós-moderno mudou, dando, a meu ver, a guinada errada. Encurralado entre a truculência ideológica e a ineficácia desmistificadora, preso no seu próprio *kitsch*, o pós-modernismo tornou-se uma espécie de pilhéria eclética, refinada lascívia de nossos prazeres roubados e descrenças fúteis."[11]

Na própria razão pela qual Hassan se desiludiu com o pós-moderno está, no entanto, a fonte de inspiração da mais destacada teorização do pós-modernismo a surgir depois da sua. Ironicamente, foi a arte à qual deu menos atenção que afinal projetou o termo para o domínio público em geral. Em 1972, Robert Venturi e seus colegas Denise Scott Brown e Steven Izenour publicaram o manifesto arquitetônico da década, *Learning from Las Vegas* [*Aprendendo com Las Vegas*]. Venturi já tinha adquirido renome com uma crítica elegante da ortodoxia purista do estilo internacional na era de Mies van der Rohe, invocando obras-primas maneiristas, barrocas, rococós e eduardinas como valores alternativos da prática contemporânea.[12] No novo livro, ele e seus colegas lançaram um ataque muito mais iconoclástico ao modernismo, em nome da vital imaginação popular na faixa do jogo. Aí, argumentavam, se encontraria uma espetacular renovação da histórica ligação entre arquitetura e pintura, artes gráficas e escultura – um primado exuberante do símbolo sobre o espaço – que o modernismo tinha às suas próprias custas rejeitado. Era hora de voltar à máxima de Ruskin segundo a qual a arquitetura era a decoração da construção.

Proferida com um ar de aprendizado casual, a mensagem contida em *Learning from Las Vegas* baseava-se em premissas que teriam deixado Ruskin pasmado. "A faixa comercial desafia o arquiteto a adotar uma visão positiva, a não discutir", escreveram Venturi e colegas. "Os valores de Las Vegas não são questionados aqui. A moralidade da propaganda comercial, os lucros do jogo e o instinto competitivo não estão em questão."[13] A análise formal da alegre orgia de sinais no céu do deserto não impedia necessariamente o julgamento social, mas excluía um ponto de vista. "A arquitetura ortodoxa moderna é progressista, para não dizer revolucionária, utópica e purista: mostra-se insatisfeita com as condições *existentes.*" Mas a maior preocupação do arquiteto "não deveria ser com o que deveria ser, mas com o que é" e "como ajudar a melhorá-lo".[14] Por trás da neutralidade moral desse lema – "se a sociedade estava certa ou errada, não cabia a nós questionar naquele momento" – há uma oposição que desarma. Contrastando a planejada monotonia das megaestruturas modernistas com o vigor e a heterogeneidade do crescimento urbano espontâneo, *Learning from Las Vegas* resumiu essa dicotomia numa frase: "construção para o Homem" *versus* "Construção para homens (mercados)".[15] A simplicidade dos parênteses diz tudo. Aqui, exposta com divertida franqueza, está a nova relação entre arte e sociedade que Hassan imaginou mas não soube definir.

O programa de Venturi, destinado expressamente a suplantar o moderno, ainda não tinha nome. Mas não ia demorar a ter. Em 1974 o termo "pós-moderno" – antecipado uma década antes por Pevsner para criticar um frágil historicismo – entrou para o mundo da arte em Nova York, onde talvez o primeiro arquiteto a usá-lo tenha sido Robert Stern, um aluno de Venturi. Mas quem fez sua fortuna crítica foi Charles Jencks, que lançou em 1977 *Language of Post-modern Architecture.* Muito mais polêmico no seu beneplácito ao modernismo – supostamente votado ao esquecimento em 1972, com a demolição de um arranha-céu no Meio-Oeste –, Jencks foi de início também mais crítico que Venturi do capitalismo americano e do conluio entre os dois nos principais tipos de comissão de construção do pós-guerra. Mas, ao mesmo tempo que defendia a necessidade de um espectro semiótico mais amplo do que Venturi admitira, de modo a incluir tanto formas icônicas como simbólicas, suas prescrições baseavam-se essencialmente nas idéias de *Learning from Las Vegas* – variedade abrangente, compreensão popular, simpatia ambiente. Apesar do título, Jencks hesitou inicialmente em chamar esses valores de "pós-modernos", uma vez que o termo – confessou – era "evasivo, da moda e, o pior de tudo, negativo".[16] Sua arquitetura preferida seria melhor definida como "ecletismo radical", mesmo "tradicionalesca", e seu único exemplar materializado até então era Antonio Gaudí.

Em um ano Jencks tinha mudado de idéia, adotando plenamente a do pós-moderno e teorizando sobre seu ecletismo como um estilo de "codificação dupla", isto é, uma arquitetura que adotava um híbrido da sintaxe moderna e da historicista, com apelo tanto para o gosto educado quanto para a sensibilidade popular. Era essa mistura liberadora do novo e do velho, do elevado e do vulgar que definia o pós-modernismo como um movimento e lhe assegurava o futuro.[17] Em 1980 Jencks ajudou a organizar a seção arquitetônica da Bienal de Veneza, montada por Paolo Portoghesi, pioneiro *flamboyant* da prática pós-moderna, mostra intitulada "A Presença do Passado" e que despertou ampla atenção internacional. A essa altura Jencks tinha-se tornado um incansável entusiasta da causa e prolífico taxonomista da sua evolução.[18] Sua ação mais importante foi distinguir logo a "derradeira" arquitetura "moderna" da "pós-moderna". Descartando a alegação de que o modernismo tinha sucumbido no início dos anos 70, Jencks admitia que sua dinâmica ainda sobrevivia, ainda que de forma espasmódica, como uma estética da proeza tecnológica cada vez mais desligada de pretextos funcionais – mas ainda impermeável ao jogo de retrospecto e alusão que marcava o pós-modernismo: Foster e Rogers em oposição a Moore e Graves.[19] Esse era o equivalente arquitetônico da literatura defendida por Hassan – o ultramodernismo.

Notando o paralelo, Jencks reverteu sem receio a oposição entre os termos de Onís. Não importa quão produtivo pudesse parecer – como o aríete nos primeiros anos das armas de fogo – esse ultramodernismo era historicamente uma retaguarda. Era o pós-modernismo, com seus recursos simbólicos respondendo à necessidade contemporânea de uma nova espiritualidade, como fizera outrora o barroco exuberante da Contra-Reforma, que representava a arte avançada da época. Em meados da década de 80, Jencks festejava o pós-moderno como uma civilização mundial de tolerância pluralística e opções superabundantes, uma civilização que "tornava sem sentido" polaridades ultrapassadas como "esquerda e direita, capitalista e classe operária". Numa sociedade em que a informação importava agora mais que a produção, "não há mais uma vanguarda artística", uma vez que "não há inimigo a derrotar" na rede eletrônica global. Nas condições emancipadas da arte atual, "há em vez disso inúmeros indivíduos em Tóquio, Nova York, Berlim, Londres, Milão e outras cidades mundiais que se comunicam e competem, assim como estão no mundo financeiro".[20] Era de se esperar que de suas criações caleidoscópicas emergisse "uma ordem simbólica comum do tipo fornecido por uma religião"[21] – compromisso último do pós-modernismo. Em ajuste estético cruzado, retornou o sonho sincrético de Toynbee.

Montreal – Paris

A apreensão arquitetônica do emblema pós-moderno, que pode ser datada de 1977-78, mostrou-se duradoura. A ligação primordial do termo foi desde então com as formas mais novas do espaço construído. Mas essa evolução foi seguida, imediatamente, por uma maior ampliação do seu alcance numa direção inesperada. A primeira obra filosófica a adotar a noção foi *A condição pós-moderna*, de Jean-François Lyotard, publicada em Paris em 1979. Lyotard tomou o termo diretamente de Hassan. Três anos antes, ele tinha dado uma conferência em Milwaukee, organizada por Hassan, sobre o pós-moderno nas artes performáticas. Declarando que para "o pós-modernismo como um todo" não estava em jogo "exibir verdade no cercado da representação mas criar *perspectivas* no retorno da *vontade*", Lyotard elogiou o famoso filme experimental de Michael Snow que mostra uma paisagem canadense vazia esquadrinhada por uma câmera giratória parada e as projeções espaciais de Duchamp.[22] Seu novo livro aproximava-se bastante de um tema de Hassan – as implicações epistemológicas de avanços recentes nas ciências naturais. A oportunidade imediata para *A condição pós-moderna*, no entanto, foi uma encomenda para produzir um relatório sobre o estado do "conhecimento contemporâneo" para o conselho universitário do governo do Quebec, onde o partido nacionalista de René Levesque tinha acabado de assumir o poder.

Para Lyotard, a chegada da pós-modernidade ligava-se ao surgimento de uma sociedade pós-industrial – teorizada por Daniel Bell e Alain Touraine – na qual o conhecimento tornara-se a principal força econômica de produção numa corrente desviada dos Estados nacionais, embora ao mesmo tempo tendo perdido suas legitimações tradicionais. Porque, se a sociedade era agora melhor concebida, não como um todo orgânico nem como um campo de conflito dualista (Parsons ou Marx) mas como uma rede de comunicações lingüísticas, a própria linguagem – "todo o vínculo social" – compunha-se de uma multiplicidade de jogos diferentes, cujas regras não se podem medir, e inter-relações agonísticas. Nessas condições, a ciência virou apenas um jogo de linguagem dentre outros: já não podia reivindicar o privilégio imperial sobre outras formas de conhecimento, que pretendera nos tempos modernos. Na verdade, sua pretensão à superioridade como verdade denotativa em relação aos estilos narrativos do conhecimento comum escondia a base de sua própria legitimação, que classicamente residiu em duas formas grandiosas de narrativa. A primeira, derivada da Revolução Francesa, colocava a humanidade como agente heróico de sua própria libertação através do avanço do conhecimento; a segunda, descendente do idealismo alemão, via o espírito como progressiva revelação da verdade. Esses foram os grandes mitos justificadores da modernidade.

O traço definidor da condição pós-moderna, ao contrário, é a perda da credibilidade dessas metanarrativas. Para Lyotard, elas foram desfeitas pela evolução imanente das próprias ciências: por um lado, através de uma pluralização de argumentos, com a proliferação do paradoxo e do paralogismo – antecipados na filosofia por Nietzsche, Wittgenstein e Levinas; e, por outro lado, por uma tecnificação da prova, na qual aparatos dispendiosos comandados pelo capital ou pelo Estado reduzem a "verdade" ao desempenho. A ciência a serviço do poder encontra uma nova legitimação na eficiência. Mas o autêntico pragmatismo da ciência pós-moderna está não na busca do performático, mas na produção do paralogístico – na microfísica, os fractais, as descobertas do caos, "teorizando sua própria evolução como descontínua, catastrófica, incorrigível e paradoxal".[23] Se o sonho do consenso é uma relíquia da nostalgia da emancipação, as narrativas como tais não desaparecem mas se tornam miniaturas e competitivas: "a pequena narrativa continua sendo a quintessência da invenção imaginativa".[24] Seu análogo social, onde termina *A condição pós-moderna*, é a tendência para o contrato temporário em todas as áreas da existência humana: a ocupacional, a emocional, a sexual, a política – laços mais econômicos, flexíveis e criativos que os da modernidade. Se essa forma é favorecida pelo "sistema", não está inteiramente submetida a ele. Deveria nos alegrar que seja modesta e mista, conclui Lyotard, porque qualquer alternativa pura ao sistema fatalmente acabaria por parecer aquilo a que procurasse se opor.

No fim da década de 70, os ensaios de Hassan – essencialmente sobre literatura – tinham ainda que ser coligidos; os trabalhos de Jencks se limitavam à arquitetura. No título e no tema, *A condição pós-moderna* foi o primeiro livro a tratar a pós-modernidade como uma mudança geral na condição humana. O ponto de vista do filósofo assegurava-lhe uma ressonância maior entre o público do que qualquer intervenção anterior: continua até hoje talvez a obra mais citada sobre o assunto. Mas tomado isoladamente – como no geral o é –, o livro é um guia equivocado para a posição intelectual diferente de Lyotard. Pois *A condição pós-moderna*, escrito sob encomenda oficial, atém-se essencialmente ao destino epistemológico das ciências naturais – sobre as quais, confessaria mais tarde Lyotard, seu conhecimento era mais do que limitado.[25] O que ele via nelas era um pluralismo cognitivo baseado na noção

– nova para o público gaulês, mas velha para os anglo-saxões – de jogos lingüísticos diversos e não mensuráveis. A influência subseqüente do livro, nesse sentido, foi em proporção inversa ao seu interesse intelectual, pois se tornou a inspiração de um relativismo vulgar que muitas vezes, tanto aos olhos dos amigos quanto dos inimigos, passa por ser a marca do pós-modernismo.

O que o arcabouço supostamente científico do "informe (de Lyotard) sobre o conhecimento" deixou de fora foram as artes e a política. A curiosidade do livro está no fato de que estas eram suas grandes paixões como filósofo. Militante do grupo de extrema-esquerda *Socialisme ou Barbarie* por uma década (1954-64), durante a qual foi um crítico extremamente lúcido da guerra da Argélia, Lyotard continuou militando na dissidência *Pouvoir Ouvrier* por mais dois anos. Rompendo com esse grupo quando se convenceu de que o proletariado não era mais um agente revolucionário capaz de desafiar o capitalismo, participou da agitação universitária de 1968 em Nanterre e ainda reinterpretava Marx para os rebeldes em 1969. Mas com o refluxo da rebeldia na França, suas idéias mudaram. Sua primeira grande obra filosófica, *Discours, Figure* (1971), fazia uma tradução figural das pulsões freudianas, em oposição à explicação lingüística do inconsciente dada por Lacan, como base para uma teoria da arte, ilustrada com poemas e pinturas.

Por ocasião de *Dérive à partir de Marx et Freud* (1973), ele tinha chegado a uma energética política mais drástica. "A razão", declarou, "já está no poder com o kapital. Queremos destruir o kapital não porque não é racional, mas porque é. A razão e o poder são uma coisa só." Não há "nada no kapitalismo, nenhuma dialética que o leve a sua superação e sucessão pelo socialismo: está agora claro para todos que o socialismo é idêntico ao kapitalismo. Toda crítica, longe de suplantá-lo, apenas o consolida." A única coisa que poderia destruir o capitalismo era o "desvio do desejo" entre os jovens, em todo o mundo, de um investimento da libido no sistema para estilos de conduta "cujo único guia é a intensidade afetiva e a multiplicação do poder da libido".[26] O papel dos artistas de vanguarda – outrora Opojaz, os futuristas ou a LEF na Rússia; hoje Rothko, Cage ou Cunningham nos EUA – era explodir os obstáculos à manifestação desse desejo lançando as formas da realidade estabelecida às chamas. A arte, nesse sentido, está por baixo de qualquer política insurrecional. "A estética foi, para o homem político que eu fui (e continuo sendo), não um álibi, um refúgio confortável, mas a falha e a fissura para descer ao subsolo da cena política, uma vasta gruta da qual se pode ver o seu lado inferior de cabeça para baixo ou de dentro para fora."[27]

Com *Economie libidinale* (1974), Lyotard deu um passo além. Nenhuma crítica de Marx por *naïfs* como Castoriadis ou Baudrillard, em nome de um piedoso culto da criatividade ou do mito nostálgico da troca simbólica, era de qualquer utilidade. Para desmascarar "o desejo chamado Marx", era necessária uma completa transcrição da economia política para a economia libidinal, que não encolhesse com a verdade de que a própria exploração era sofrida – mesmo pelos primeiros operários da indústria – com gozo erótico: o prazer masoquista ou histérico da destruição da saúde física em minas e fábricas ou da desintegração da identidade pessoal em favelas anônimas. O capital era *desejado* por aqueles que dominava, então como agora. A revolta contra ele ocorria apenas quando os prazeres que permitia se tornavam "insustentáveis" e havia uma abrupta mudança para novos escoadouros. Mas estes nada tinham a ver com as tradicionais santarrices da esquerda. Assim como não havia nenhuma alienação no desejo popular de capital, também no desinteresse "não há nenhuma dignidade libidinal, nem liberdade libidinal ou fraternidade libidinal", mas apenas a busca de novas intensidades afetivas.[28]

O cenário mais amplo da passagem de Lyotard de um socialismo revolucionário para um hedonismo niilista está, naturalmente, na própria evolução da Quinta República. O consenso gaullista do início dos anos 60 convenceu-o de que a classe operária estava agora essencialmente integrada ao capitalismo. O fermento do final da década deu-lhe a esperança de que a geração e não a classe – a juventude do mundo todo – devia ser o arauto da revolta. A onda eufórica de consumismo que varreu o país no início e meados dos anos 70 levou então à (generalizada) teorização do capitalismo como um aerodinâmico mecanismo de desejo. Em 1976, porém, os partidos Socialista e Comunista acertaram um Programa Comum e parecia cada vez mais provável sua vitória nas eleições legislativas seguintes. A perspectiva de um governo do PCF pela primeira vez desde o início da guerra fria disseminou o pânico em setores ponderáveis da opinião pública, desencadeando uma violenta contra-ofensiva ideológica. O resultado foi a projeção à ribalta dos Nouveaux Philosophes, grupo de ex-propagandistas de 68 patrocinado pela mídia e o Eliseu.

Nas vicissitudes da trajetória política de Lyotard sempre houve uma constante. O grupo *Socialisme ou Barbarie* era violentamente anticomunista desde o início e, fossem quais fossem as outras mudanças de tom ou convicção de Lyotard, esse continuou sendo um elemento arraigado de sua visão. Em 1974 ele confidenciou a amigos americanos espantados que sua opção para presidente era Giscard, porque Mitterrand confiava no apoio comunista. Quando se avizinhavam as eleições de 1978, com o perigo da efetiva participação do PCF no governo, ele só podia portanto sentir-se ambivalente em relação aos Nouveaux Philosophes. Por um lado, eram salutares os furiosos ataques que desfechavam contra o comunismo; por outro, constituíam visivelmente um círculo peso-leve comprometido num abraço com o poder oficial. A intervenção de Lyotard nos debates pré-eleitorais e o sardônico diálogo *Instructions païennes* (1977), em conseqüência, tanto defendiam como ridicularizavam o grupo. Foi aí que ele formulou pela primeira vez a idéia das metanarrativas que figuraria de modo tão destacado em *A condição pós-moderna* e deixou bem claro o seu verdadeiro alvo. Apenas uma "narrativa mestra" está na origem do termo: o marxismo. Felizmente, a ascendência marxista sofria afinal a erosão das inúmeras revelações sobre o Gulag. Era verdade que no Ocidente havia também uma grande narrativa do capital, mas que era preferível à do Partido, pois não tinha "deus" – "o capitalismo não tem respeito por história alguma", pois "sua narrativa é sobre tudo e nada". [29]

No mesmo ano desse manifesto político, Lyotard traçou seu credo estético. *Les Transformeurs Duchamp* apresentava o criador do *Grande espelho* e de *Dado* como o artista crítico do não-isomórfico, das incongruências e inadequações. Defendendo mais uma vez sua tese da *jouissance* [gozo, prazer] do proletariado industrial primitivo no seu labor triturante, Lyotard argumentou: "se você descrever o destino dos operários exclusivamente em termos de alienação, exploração e pobreza, você os apresenta como vítimas que apenas sofreram passivamente todo o processo e que só reivindicavam reparações futuras (o socialismo). Você não vê o essencial, que não é o crescimento das forças de produção a qualquer preço, nem mesmo a morte de muitos operários, como diz Marx tantas vezes com um cinismo adornado de darwinismo. Deixa de ver a energia que mais tarde se espalhou nas artes e ciências, o júbilo e a dor da descoberta que se pode oferecer (viver, trabalhar, pensar, ser afetado) num lugar onde se achava sem sentido fazê-lo. Independente do sentido, da dureza." Foi nessa dureza, um "ascetismo mecânico", que se inspiraram os enigmas sexuais de Duchamp. "O *Espelho* é o 'adiamento' do nu; *Dado*, sua antecipação. É cedo demais para ver a mulher nua no *Espelho* e é tarde demais no palco do *Dado*. O executante é um complexo *transformador*, uma bateria de máquinas de metamorfose. Não há arte, porque não há objetos. Só há transformações, redistribuições de energia. O mundo é uma multiplicidade de aparatos que transformam unidades de energia umas nas outras."[30]

O território contíguo à *Condição pós-moderna* foi assim carregado de forma muito mais intensa que o próprio documento elaborado para o estado do Quebec. O "informe sobre o conhecimento" deixou em suspenso as duas questões de preocupação mais permanente para Lyotard. Quais eram as implicações da pós-modernidade 1) para a arte e 2) para a política? Rapidamente ele foi forçado a responder à primeira, onde se encontrava em incômoda posição. Quando escreveu *A condição pós-moderna*, não tinha ciência do uso do termo em arquitetura, talvez a única arte sobre a qual jamais escreveu, com um significado estético que é a antítese de tudo o que prezava. Essa ignorância não podia durar muito. Em 1982 soube da elaboração do conceito de pós-moderno por Jencks e de sua ampla aceitação na América do Norte. A reação de Lyotard foi cáustica. *Esse* pós-modernismo era uma restauração sub-reptícia de um realismo degradado outrora patrocinado pelo nazismo e o stalinismo e agora reciclado como ecletismo cínico pelo capital contemporâneo: em suma, tudo contra o que lutaram as vanguardas.[31]

O que esse afrouxamento da tensão estética prometia não era apenas o fim do experimentalismo, mas a anulação do ímpeto da arte moderna enquanto tal, cuja força sempre derivou da defasagem entre o concebível e o apresentável, que Kant definia como o sublime, enquanto distinto do meramente belo. O que então podia ser a autêntica arte pós-moderna? Precedido por um uso que execrava, a resposta de Lyotard foi insatisfatória. O pós-moderno não vinha depois do moderno; era um movimento de renovação interna inerente ao moderno desde o início – aquela corrente cuja reação ao abalo do real era o oposto da nostalgia da unidade perdida, ou seja, uma alegre aceitação da liberdade de invenção que esse abalo liberava. Mas isso não era luxúria. A arte de vanguarda que Lyotard destacou para aprovação no ano seguinte era a minimalista – o sublime como privação. O que animava o mercado de arte, ao contrário, era o *kitsch* celebrado por Jencks: "o amálgama, a ornamentação, o pastiche bajulando o 'gosto' de um público que não pode ter gosto".[32]

Se o problema de Lyotard para teorizar uma arte pós-moderna estava no desvio das tendências estéticas dos rumos que ele sempre defendera – forçando-o a declarar a pós-modernidade artística um princípio perene em vez de uma categoria de período, em flagrante contradição com o seu conceito de pós-modernidade científica como um estágio do desenvolvimento cognitivo – sua dificuldade em formular uma política pós-moderna tornou-se com o devido tempo análoga. Aqui o transtorno veio do próprio curso da história. Com *A condição pós-moderna* Lyotard anunciou o eclipse de todas as narrativas grandiosas. Aquela cuja morte ele procurava garantir acima de tudo era, claro, a do socialismo clássico. Nos textos subseqüentes ele ampliaria a lista das grandes narrativas então extintas: a redenção cristã, o progresso iluminista, o espírito hegeliano, a unidade romântica, o racismo nazista, o equilíbrio keynesiano. Mas o referencial que comandava sempre foi o comunismo. E quanto ao capitalismo? Na época em que Lyotard escreveu, no finzinho da era Carter, o Ocidente entrava numa grave recessão e estava longe de um veemente espírito ideológico. Daí que pudesse sugerir, pelo menos com uma aparência plausível, que o capitalismo contemporâneo era validado apenas por um princípio de desempenho, que não passava de uma sombra da autêntica legitimação.

Com a profunda mudança de conjuntura nos anos 80 – a euforia do *boom* no período Reagan e a triunfante ofensiva ideológica da direita que culminou com o colapso do bloco soviético no final da década –, essa posição perdeu toda credibilidade. Longe de terem desaparecido as grandes narrativas, parecia que pela primeira vez na história o mundo caía sob o domínio da mais grandiosa de todas – uma história única e absoluta de liberdade e prosperidade, a vitória global do mercado. Como é que Lyotard se adaptaria a essa evolução inesperada? Sua reação inicial foi insistir que o capitalismo, embora pudesse parecer uma finalidade universal da história, na verdade destruía qualquer finalidade – uma vez que seus valores mais altos não passavam da mera segurança factual. "O capital não tem necessidade de legitimação, não prescreve nada no sentido estrito da obrigação, não tem que afixar nenhuma regra normativa. Está presente em toda parte, mas como necessidade e não como finalidade." Na melhor das hipóteses, talvez, o capital encobriria uma quase-norma: "ganhar tempo" – mas será que isso poderia ser encarado como um fim universal?[33]

Era insistir numa tecla frágil demais. No final dos anos 90 Lyotard encontrou uma saída mais efetiva para essa dificuldade. O capitalismo, começara a argumentar bem antes, não devia ser entendido primordialmente como um fenômeno socioeconômico, em absoluto. "O capitalismo é, mais precisamente, uma representação. Como sistema, sua fonte de calor não é a força de trabalho mas a própria energia, a física (o sistema não é isolado). Como representação, tira a sua força da Idéia de infinitude. Pode aparecer na experiência humana como o desejo por dinheiro, o desejo de poder ou da novidade. Tudo isso pode parecer bem feio e inquietante. Mas esses desejos são a tradução antropológica de algo que ontologicamente é a 'instanciação' da infinitude na vontade. Tal "instanciação" não ocorre de acordo com a classe social. As classes sociais não são categorias ontológicas pertinentes."[34] A substituição da história pela ontologia foi, no entanto, uma estação intermediária e em poucos anos Lyotard passaria à astrofísica.

Argumentaria então que o triunfo do capitalismo sobre sistemas rivais foi resultado de um processo de seleção natural que pré-datava a própria vida humana. Na vastidão incomensurável do cosmo, em que todos os corpos estão submetidos à entropia, uma chance primitiva – uma "constelação contingente de formas de energia" – deu origem num planeta minúsculo a sistemas rudimentares de vida. Como a energia externa era limitada, esses sistemas de vida tinham que competir uns com os outros num curso de evolução perpetuamente fortuito. Por fim, após milhões de anos, apareceu uma espécie humana capaz de falar e criar ferramentas; então "surgiram várias formas improváveis de agregação humana, que foram selecionadas de acordo com sua capacidade de descobrir, captar e conservar fontes de energia". Mais alguns milênios, pontilhados pelas revoluções neolítica e industrial, e "sistemas chamados democracias liberais" se mostraram mais adequados para essa tarefa, derrotando os competidores comunistas e islâmicos e moderando os perigos ecológicos. "Nada parecia capaz de deter o desenvolvimento desse sistema, exceto a inevitável extinção do sol. Mas para enfrentar esse desafio o sistema já desenvolvia as próteses que lhe permitiriam sobreviver depois que a fonte de energia solar se apagasse."[35] Toda a pesquisa científica contemporânea trabalhava, em última análise, com vistas ao êxodo do planeta, dentro de quatro bilhões de anos, de uma espécie humana transformada.

Quando vislumbrou esse cenário, Lyotard denominou-o "novo *décor*".[36] O recurso à linguagem cenográfica punha de lado qualquer insinuação narrativa – ainda que ao custo de inadvertidamente sugerir a estilização do pós-moderno, por outro lado nada apreciada. Mas, quando o completou, apresentou-o como "o sonho inconfessado com que sonha sobre si mesmo o mundo pós-moderno" – "uma fábula pós-moderna". Mas, insiste, "a fábula é realista porque reconta a história de uma força que faz, desfaz e refaz a realidade". O que a fábula pinta é um conflito entre dois processos de energia. "Um leva à destruição de todos os sistemas, todos os corpos, vivos ou não, no nosso planeta e no sistema solar. Mas nesse processo de entropia, que é necessário e contínuo, outro processo que é contingente e descontínuo, pelo menos por um longo tempo, age em sentido contrário aumentando a diferenciação dos seus sistemas. Esse movimento não pode deter o primeiro (a não ser que encontrasse um meio de recarregar o sol), mas pode escapar da catástrofe abandonando seu hábitat cósmico." O motor último do capitalismo é assim não a sede de lucro ou qualquer desejo humano, mas o desenvolvimento como neguentropia. "O desenvolvimento não é uma invenção dos seres humanos. Os seres humanos é que são uma invenção do desenvolvimento."[37]

Por que esta não é uma narrativa grandiosa e em quintessência moderna? Porque, sustenta Lyotard, é uma história sem historicidade ou esperança. A fábula é pós-moderna porque "não tem finalidade em nenhum horizonte de emancipação". Os seres humanos, como testemunhas do desenvolvimento, podem virar a cara para um processo do qual são veículos. "Mas mesmo as críticas que fazem do desenvolvimento, da sua desigualdade, da sua irregularidade, fatalidade e desumanidade são expressões do desenvolvimento e contribuem com ele." A energética universal não dá espaço ao *pathos*... aparentemente. Mas Lyotard também define livremente sua história como uma "tragédia da energia" que "como *Édipo Rei* termina mal", embora "como *Édipo em Colono* permita uma remissão final".[38]

Quase desnecessário ressaltar a fragilidade intelectual dessa última formulação. Nada na análise original de Lyotard sobre as metanarrativas confinava-as à idéia da emancipação – que era apenas um dos dois discursos modernos de legitimação que ele procurava delinear. A fábula pós-moderna ainda seria uma grande narrativa mesmo se o tema lhe fosse estranho. Mas na verdade, claro, não o é. O que mais seria a fuga para as estrelas senão o libertar-se das limitações de uma Terra moribunda? De forma ainda mais incisiva, no outro registro – intercambiável – da narrativa de Lyotard, o capitalismo fala notoriamente a linguagem da emancipação com mais confiança e continuidade do que nunca. Em outra parte Lyotard é forçado a reconhecer isso. Com efeito, admite: "a emancipação não é mais a tarefa de conquistar e impor a liberdade de fora" – em vez disso, é "um ideal que o próprio sistema se esforça em realizar na maioria das áreas que cobre, como o trabalho, os impostos, o mercado, a família, o sexo, a raça, a escola, a cultura, a comunicação". Obstáculos e resistências apenas o estimulam a ser mais aberto e complexo, promovendo empreendimentos espontâneos – e "isto é emancipação palpável". Se a tarefa do crítico ainda é denunciar as deficiências do sistema, "tais críticas, seja qual for a forma que assumem, são necessárias ao sistema para desincumbir-se da tarefa de emancipação de modo mais efetivo".[39]

A condição pós-moderna, anunciada como a morte da grande narrativa, acaba assim na sua quase imortal ressurreição com a alegoria do desenvolvimento. A lógica desse estranho desfecho inscreve-se na trajetória política de Lyotard. A partir dos anos 70, quando o comunismo ainda era uma alternativa ao capitalismo, este era um mal menor –, Lyotard podia mesmo celebrá-lo de forma sardônica como sendo, por contraste, uma ordem agradável. Quando o bloco soviético se desintegrou, a hegemonia do capital tornou-se menos palatável. Seu triunfo ideológico pareceu vingar exatamente o tipo de narrativa legitimizante cujo obituário ele se dispusera a escrever. Em vez de confrontar a nova realidade num plano político, a solução que deu foi uma sublimação metafísica dessa realidade. Convenientemente projetada para o espaço intergalático, sua energética original podia colocar o capitalismo em perspectiva como algo que não passava de um redemoinho numa aventura cósmica mais vasta. É óbvia a consolação doce-amarga que essa mudança de escala devia oferecer a um ex-militante. A "fábula pós-moderna" não significava nenhuma reconciliação final com o capital. Ao contrário, Lyotard retomava agora uma inflexão oposicionista de há muito silenciada em sua obra: a denúncia da desigualdade e da lobotomia cultural globais e o desprezo pelo reformismo social-democrata, relembrando seu passado revolucionário. Mas as únicas resistências ao sistema que restavam eram internas: a reserva do artista, a indefinição infantil, o silêncio da alma.[40] Longe estava o "júbilo" da ruptura inicial da representação pelo pós-moderno; um invencível mal-estar dava agora o tom da época. O pós-moderno era "melancolia".[41]

FRANKFURT – MUNIQUE

A condição pós-moderna foi publicada no outono de 1979. Exatamente um ano depois, Jürgen Habermas proferiu seu discurso *Modernidade – Um projeto incompleto* em Frankfurt, ao receber o prêmio Adorno da municipalidade. O trabalho ocupa posição peculiar no discurso da pós-modernidade. Em substância, aborda o pós-moderno apenas num grau limitado, mas teve o efeito de colocá-lo em destaque daí por diante como um referencial padrão.

Essa conseqüência paradoxal deveu-se em grande parte, claro, à posição de Habermas no mundo anglo-saxônico como principal filósofo europeu da época. Mas também à postura crítica da sua intervenção. Pela primeira vez desde a decolagem da idéia de pós-modernidade no final dos anos 70, ela recebia um tratamento abrasivo. Se o surgimento de uma área intelectual tipicamente requer um pólo negativo para sua tensão produtiva, foi Habermas quem o forneceu. No entanto, uma incompreensão tem acompanhado tradicionalmente o seu texto. Amplamente entendido como reação à obra de Lyotard, devido à proximidade de datas, na verdade foi escrito provavelmente sem conhecimento dela. Habermas reagia, antes, à exposição Bienal de Veneza de 1980, que serviu de vitrine à versão de Jencks para o pós-modernismo[42] – exatamente o que Lyotard por sua vez ignorara ao produzir a sua versão. Uma irônica contradança de idéias esteve na origem desses intercâmbios.

Habermas começou reconhecendo que o espírito da modernidade estética, com seu novo sentido do tempo como um presente prenhe de um futuro heróico, que nasceu na época de Baudelaire e atingiu o clímax com o dadaísmo, tinha visivelmente declinado; as vanguardas tinham envelhecido. A idéia de pós-modernidade devia seu poder a essa incontestável mudança. Disso, porém, teóricos neoconservadores como Daniel Bell tiraram perversa conclusão. A lógica antinômica da cultura modernista, argumentavam, havia permeado o tecido da sociedade capitalista, enfraquecendo sua fibra moral e minando a disciplina do trabalho com um culto à irrestrita subjetividade, no momento mesmo em que essa cultura deixava de ser uma fonte para a arte criativa. O resultado ameaçava ser uma hedonística dissolução de uma ordem social outrora respeitável, dissolução que só poderia ser refreada por um ressurgimento da fé religiosa – ou seja, a volta do sagrado num mundo profanado.

Isso, observou Habermas, era culpar o modernismo estético pela lógica comercial óbvia demais da própria modernização capitalista. As verdadeiras aporias da modernidade cultural são outras. O projeto iluminista da modernidade tinha duas vertentes. Uma era a diferenciação pela primeira vez entre ciência, moralidade e arte, não mais fundidas numa religião revelada mas como esferas de valor autônomas, cada uma governada por suas próprias normas: verdade, justiça, beleza. A outra era a soltura desses domínios recém-liberados no fluxo subjetivo da vida cotidiana, interagindo para enriquecê-la. Foi este programa que perdeu o rumo. Porque, em vez de penetrar os recursos comuns da comunicação diária, cada esfera tendeu a desenvolver-se em uma especialidade esotérica, fechada ao mundo dos significados ordinários. No século XIX a arte tornou-se um enclave crítico cada vez mais alienado da sociedade, fetichizando mesmo a distância em relação a ela. No começo do século XX, vanguardas revolucionárias como o surrealismo tentaram demolir a divisão resultante entre arte e vida através de atos espetaculares de vontade estética. Mas seus gestos foram fúteis: nenhuma emancipação resultou da destruição das formas ou da dessublimação dos significados – nem a vida poderia ter sido jamais transfigurada pela absorção exclusiva da arte. Isso requeria também uma recuperação simultânea dos recursos da ciência e da moralidade e a interação das três para animar o mundo da vida.

O projeto da modernidade tinha ainda que ser realizado. Mas a tentativa cabal de negá-lo – uma decisão desesperada – havia fracassado. A autonomia das esferas de valor não podia ser anulada, sob pena de regressão. Ainda havia a necessidade de reapropriação pela linguagem da experiência comum das culturas especializadas que cada esfera produzira. Para isso, no entanto, tinha que haver barreiras para proteger a espontaneidade do mundo da vida contra incursões das forças de mercado e da administração burocrática. Mas, admitia Habermas com desalento, "as chances para isso, hoje, não são muito boas. Mais ou menos por toda a parte no mundo ocidental desenvolveu-se um clima que favorece correntes críticas do modernismo cultural."[43] Nada menos que três modalidades distintas de conservadorismo eram agora oferecidas. O antimodernismo dos "jovens" conservadores apelava aos poderes dionisíacos arcaicos contra toda racionalização, numa tradição que ia de Bataille a Foucault. O pré-modernismo dos "velhos" conservadores exigia uma ética cosmológica substantiva de cunho quase aristotélico, segundo linhas insinuadas por Leo Strauss. O pós-modernismo dos "neoconservadores" acolhia a reificação de esferas de valor separadas em domínios fechados de especialização, blindados contra quaisquer demandas do mundo da vida, com concepções de ciência semelhantes às do jovem Wittgenstein, de política tomadas de empréstimo a Carl Schmitt, de arte parecidas com as de Gottfried Benn. Na Alemanha, uma mistura furtiva de anti- e pré-modernismo assediava a contracultura, enquanto uma sinistra aliança de pré- e pós-modernismo tomava forma no *establishment* político.

O argumento de Habermas, compacto na forma, era no entanto uma construção curiosa. Sua definição de modernidade, tomada de Weber de modo acrítico, essencialmente a reduzia a mera diferenciação formal de esferas de valor – a que então acrescentou, como uma aspiração do Iluminismo, sua reconfiguração como recursos intercomunicantes no mundo da vida, idéia estranha a Weber e difícil de detectar no próprio *Aufklärung* (enquanto distinto de Hegel). O que fica bem claro, no entanto, é que o "projeto" da modernidade como ele o traçou é um amálgama contraditório de dois princípios opostos: especialização e popularização. Como se realizaria em algum estágio uma síntese de ambos? Assim definido, poderia o projeto ser algum dia concluído? Mas se nesse sentido ele parece menos inconcluso que impraticável, a razão está na teoria social de Habermas como um todo.

Pois as tensões da modernidade estética reproduzem em miniatura as pressões na estrutura do seu quadro das sociedades capitalistas em geral. Por um lado, essas sociedades são governadas por "sistemas" de coordenação impessoal, mediada pelos mecanismos centrais do dinheiro e do poder, que não podem ser recuperados por nenhuma agência coletiva sob pena de uma perda de diferenciação de ordens institucionais separadas – o mercado, a administração, a justiça etc. Por outro lado, o "mundo da vida" que é integrado por normas intersubjetivas, no qual prevalece a ação comunicativa e não a instrumental, precisa ser protegido da "colonização" promovida pelos sistemas – sem, no entanto, passar dos seus limites. O que esse dualismo exclui é qualquer forma de soberania popular, seja no sentido tradicional ou radical. A autogestão de produtores livremente associados está fora de questão. O que resta é a veleidade de uma impossível reconciliação de dois domínios desiguais. Para o Habermas da *Teoria da ação comunicativa*, a "esfera pública" seria o lugar democrático de temperar os dois, embora tenha traçado muito antes o declínio estrutural desse lugar. Em *Modernidade – Um projeto incompleto*, não faz menção dele. Mas um eco se faz presente no seu único exemplo positivo do que seria uma reapropriação da arte pela existência cotidiana: a cena de jovens operários em Berlim, antes da guerra, discutindo o altar de Pérgamo na *Estética da resistência*, de Peter Weiss, que lembra um equivalente "plebeu" da esfera pública burguesa evocada no prefácio do seu famoso estudo sobre esta. Mas, é claro, não se trata apenas de uma ilustração fictícia. A estética liberada é da Antigüidade clássica, não da Modernidade; situada, aliás, numa época anterior ao envelhecimento das vanguardas.

A impropriedade pode ser encarada como um indício do tropeço subjacente à argumentação de Habermas. Há uma diferença básica entre o fenômeno que ela começa registrando – o aparente declínio do modernismo estético – e o tema que desenvolve a seguir – a superespecialização das esferas de poder. A dinâmica da ciência claramente não foi afetada por esta última. Por que a arte deveria ser? Habermas não tenta responder: na verdade, sequer coloca a questão. O resultado é um abismo entre o problema e a solução. O declínio da vitalidade experimental está num dos extremos do discurso, a reanimação do mundo da vida no outro, e praticamente não há conexão fundamentada entre eles. A incompreensão tem seu sintoma removido na fantástica taxonomia com que conclui. Sejam quais forem as críticas à linhagem intelectual de Bataille a Foucault (e há muitas), ela não pode ser definida de forma alguma como "conservadora". E vice-versa, por mais neoconservadora que seja a de Wittgenstein, Schmitt ou Benn, para não falar em pensadores como Bell, castigá-los como veículos do "pós-modernismo" é particularmente monstruoso: eles foram alguns dos seus críticos mais veementes. Fixar o rótulo em adversários tais equivalia a obscurecer completamente o pós-moderno.

Não seria essa, no entanto, a última palavra de Habermas sobre o assunto. Menos notada, porém mais substancial, foi a conferência que proferiu sobre "Arquitetura moderna e pós-moderna" no ano seguinte, em Munique. Nela Habermas comprometeu-se com o verdadeiro baluarte da teoria estética pós-moderna, exibindo um impressionante conhecimento e paixão por seu tema. Começou observando que o movimento moderno em arquitetura – o único estilo unificador desde o neoclássico – originou-se no espírito da vanguarda mas conseguiu criar uma tradição clássica fiel à inspiração do racionalismo ocidental. Hoje, estava sob ataque generalizado por causa da monstruosa degradação urbana de tantas cidades do pós-guerra. Mas "será que a verdadeira face da arquitetura moderna se revela nessas atrocidades ou são distorções do seu verdadeiro espírito?"[44] Para responder a essa questão era necessário reexaminar as origens do movimento.

No século XIX, a revolução industrial colocou três desafios sem precedentes à arte arquitetônica. Exigiu o desenho de novos edifícios – tanto culturais (bibliotecas, escolas, casas de ópera) quanto econômicos (estações ferroviárias, lojas de departamentos, armazéns, casas de operários); possibilitou novas técnicas e materiais (ferro, aço, concreto, vidro) e impôs novos imperativos sociais (pressões de mercado, planos administrativos) numa "mobilização capitalista de todas as condições urbanas de vida".[45] Tais demandas sobrecarregaram a arquitetura da época, que não conseguiu produzir nenhuma resposta coerente para elas, desintegrando-se em vez disso no historicismo eclético ou num sinistro utilitarismo. Reagindo a esse fracasso no início do século XX, o movimento moderno superou o caos estilístico e o simbolismo convencional da última arquitetura vitoriana e se dispôs a transformar inteiramente o ambiente construído, desde os edifícios mais monumentais e expressivos até os menores e mais práticos.

Ao fazê-lo, venceu os dois primeiros desafios da revolução industrial com extraordinária criatividade formal. Mas nunca foi capaz de enfrentar o terceiro. Praticamente desde o início, o modernismo arquitetônico superestimou demais sua capacidade de remodelar o ambiente urbano: erro de cálculo famosamente expresso no arrogante utopismo inicial de Le Corbusier. Depois da guerra, essa tensão ingênua deixou-o indefeso ante as pressões da reconstrução capitalista, que levou às desoladas paisagens urbanas pelas quais ele teria mais tarde que carregar a culpa. No final dessa trajetória está o recuo da cena atual: uma volta conservadora ao neo-historicismo (Terry), uma busca vitalista da arquitetura comunitária (Kier) e os cenários bombásticos do pós-modernismo propriamente dito (Hollein ou Venturi). Em suma, a unidade de forma e função que guiara o projeto modernista tinha se dissolvido.

Este era um quadro certamente mais revelador do destino da modernidade estética, na arte socialmente mais sensível de todas, do que a conferência de Frankfurt. Mas o discurso de Munique, embora mais rico e preciso, ainda colocava o mesmo problema subjacente. O que em última análise causou o declínio no gosto do público do movimento moderno em arquitetura? Aparentemente, a resposta era clara: sua incapacidade de contornar ou resistir às limitações de dinheiro e poder do pós-guerra – "as contradições da modernização capitalista", como coloca Habermas.[46] Mas até que ponto o modernismo arquitetônico – conscientemente ou não – foi cúmplice desses imperativos? Habermas atribui-lhe alguma responsabilidade por não compreender sua própria dinâmica original. Historicamente, as raízes do modernismo estão em três reações ao cubismo no campo do *design* puro: o construtivismo russo, De Stijl e o círculo de Le Corbusier. A forma experimental engendrou a função prática e não o contrário. Mas quando o movimento Bauhaus passou a dominar, esqueceu suas origens e definiu equivocadamente a nova arquitetura como "funcional". Por fim, essa confusão levou-o prontamente à exploração por incorporadores e burocratas, que encomendavam e financiavam edifícios "funcionais" para eles.

Mas essa traição inconsciente de si mesmo, por mais séria que fosse, não foi causa suficiente para o impasse do modernismo. A causa estava nas insuperáveis limitações do seu ambiente social. À primeira vista, parecia que Habermas acusava aqui a lógica especulativa implacável do capitalismo de pós-guerra, que espalhou blocos de escritório brutais e arranha-céus ordinários por toda a paisagem urbana. Se assim era, então se podia imaginar uma mudança social radical pela qual as imposições do lucro fossem varridas e o tecido urbano saneado com a possibilidade coletiva de uma arquitetura de abrigo, sociabilidade e beleza. Isso, no entanto, é exatamente o que Habermas exclui. Pois o erro final do modernismo, explica, não foi tanto a falta de vigilância em relação ao mercado, mas uma confiança excessiva na planificação. Não as injunções do capital, mas as necessidades da modernidade – não a busca de renda ou lucro, mas a diferenciação estrutural da sociedade – é que o condenaram à frustração. "A utopia das formas de vida preconcebidas que já havia inspirado os projetos de Owen e Fourier não se podia realizar, não apenas por causa da inevitável subestimação da diversidade, complexidade e variabilidade das sociedades modernas, mas também porque as sociedades modernizadas, com suas interdependências funcionais, ultrapassam as dimensões das condições de vida que poderiam ser calculadas pela imaginação do projetista."[47]

Aqui, em outras palavras, reaparece o esquema delineado no discurso de Frankfurt, que deriva do mesmo dualismo imobilizado estabelecido pela teoria de Habermas sobre a ação comunicativa: sistemas invioláveis e mundos de vida inoperantes. Mas aí pelo menos esses mundos mantêm nominalmente a possibilidade de recuperação dos movimentos. Nisso Habermas tira de modo mais implacável as conseqüências de suas premissas. Não apenas os sonhos modernistas de uma cidade humana eram impraticáveis. A própria idéia de cidade em termos absolutos é condenada à obsolescência pelas exigências funcionais da coordenação impessoal, que torna fútil toda tentativa de recriar um significado urbano coerente. Outrora, "a cidade podia ser arquitetonicamente projetada e mentalmente representada como um hábitat compreensível". Mas com o industrialismo a cidade foi "encaixada em sistemas abstratos que não podiam mais ser captados esteticamente numa presença inteligível".[48]

Desde o início, as moradias proletárias não podiam ser integradas à metrópole; e, com o tempo, a proliferação de subzonas comerciais e administrativas dispersaram-nas em confusão ainda mais ininteligível e desinteressante. "O grafismo das marcas registradas de empresas e dos anúncios de neon demonstra que a diferenciação deve ocorrer através de outros meios que não a linguagem formal da arquitetura." Não há como reverter esse destino. "As aglomerações urbanas deixaram para trás o velho conceito de cidade que ainda acalentamos. No entanto, não se trata do fracasso da arquitetura moderna ou de qualquer outra arquitetura."[49] Está inscrito na lógica do desenvolvimento social, para além do capital ou trabalho, como uma exigência da própria modernidade. O que torna o espaço urbano indecifrável não é a acumulação financeira, mas a coordenação sistêmica, que não pode ser cancelada.

Aqui o *pathos* da última teoria de Habermas, que simultaneamente reafirma os ideais do Iluminismo e lhes nega qualquer chance de realização, encontra sua mais pura expressão: o que se pode chamar, invertendo a fórmula de Gramsci, de eudemonismo da inteligência ou derrotismo da vontade. Habermas termina por manifestar uma velada simpatia pelas correntes vernáculas em arquitetura que encorajam a participação popular nos projetos, como uma tendência em que sobrevivem defensivamente alguns dos impulsos do movimento modernista. Mas, exatamente como na contracultura mais ampla, "a nostalgia por formas não diferenciadas de existência confere a essas tendências um ar de antimodernismo"[50]: seu tácito apelo a um *Volksgeist* lembra o horrendo exemplo da arquitetura nazista, ainda que distinto na intenção monumental. Se Habermas admite, sem entusiasmo, que há uma boa dose de "verdade" nessa forma de oposição, o que diz – e não pode dizer – é que haja alguma esperança nela.

As coisas estavam nesse pé no outono de 1981. Trinta anos depois de Olson ter dado uma idéia da coisa, o pós-moderno cristalizara-se como referencial comum e discurso competitivo. Na origem, a idéia foi sempre resvalada por ligações além do Ocidente – China, México, Turquia; mesmo depois, por trás de Hassan ou Lyotard estavam o Egito ou a Argélia e a anomalia do Quebec. O espaço inscrevia-se nela desde o início. Culturalmente, apontava para além daquilo que se tornara o modernismo; mas não havia consenso em que direção, apenas um conjunto de oposições que remontavam a Onís; nem em que artes ou ciências, apenas interesses desconexos e opiniões cruzadas. As intervenções coincidentes de Lyotard e Habermas pela primeira vez deram ao campo o selo da autoridade filosófica. Mas suas próprias contribuições foram estranhamente indecisas. A formação original dos dois pensadores foi marxista, mas é espantoso o pouco que daí trouxeram para suas análises da pós-modernidade. Também não tentaram uma verdadeira interpretação histórica do pós-moderno que fosse capaz de defini-lo no tempo ou no espaço. Em vez disso, apresentaram significantes mais ou menos vazios ou flutuantes como marco do seu aparecimento: a deslegitimação das grandes narrativas (sem data) no caso de Lyotard e, no de Habermas, a colonização do mundo da vida (quando é que ele não foi colonizado?). Paradoxalmente, nos dois casos falta o peso da temporalidade a um conceito por definição temporal.

Nem a névoa que envolve o termo na acepção social é dispersada por seu uso como categoria estética. Tanto Lyotard quanto Habermas foram profundamente ligados aos princípios do alto modernismo; mas esse compromisso, longe de tê-los capacitado a focalizar o pós-modernismo de forma mais incisiva, parece que o impediu. Recuando ante evidências incômodas do que ele parecia significar, Lyotard se viu reduzido a negar que fosse outra coisa que não uma dobra interna do próprio modernismo. Habermas, mais interessado em envolver-se com as artes em perspectiva, pôde reconhecer uma passagem do moderno para o pós-moderno, porém mal conseguiu explicá-la. Nem tentou qualquer investigação das formas pós-modernas para comparar com as detalhadas discussões de Hassan ou Jencks. O efeito claro disso foi uma dispersão do discurso: por um lado, tratamento filosófico superficial sem conteúdo estético significativo; por outro, percepção estética sem um horizonte teórico coerente. Ocorreu uma cristalização temática – o pós-moderno, como disse Habermas, entrou "em questão" – sem uma integração intelectual.

O campo, no entanto, mostrava outra espécie de unidade: era ideologicamente consistente. A idéia do pós-moderno, da maneira como foi assumida nesta conjuntura, era de uma forma ou de outra apanágio da direita. Hassan, exaltando o jogo e a indefinição como marcas do pós-moderno, não fez segredo de sua aversão à sensibilidade que era a antítese delas: o jugo de ferro da esquerda. Jencks celebrou o passamento do moderno como a liberação da opção de consumo, um golpe mortal no planejamento em um mundo onde os pintores podiam comerciar de forma tão livre e global como banqueiros. Para Lyotard, os próprios parâmetros da nova condição foram criados pelo descrédito do socialismo como última narrativa grandiosa – versão última de uma emancipação que não fazia mais sentido. Habermas, ainda numa posição de esquerda, resistindo a um compromisso com o pós-moderno, mesmo assim atribuiu a idéia à direita, formulando-a como uma representação do neoconservadorismo. Comum a todos era a subscrição dos princípios do que Lyotard – outrora o mais radical – chamou de democracia liberal como o horizonte insuperável da época. Não podia haver nada mais que o capitalismo. O pós-moderno foi uma sentença contra as ilusões alternativas.

Notas

1. "O aparecimento de Olson e dos poetas de Black Mountain foi o começo do fim da tradição metafísica modernista, que de forma alguma era uma tradição 'modernista' mas uma anomalia peculiar à poesia americana e inglesa. Foi o resultado de uma colisão de sensibilidades fortemente antimodernistas e provincianas com o modernismo híbrido de Pound e o modernismo mais puro de Gertrude Stein e William Carlos Williams." *boundary 2*, I, nº1, p.120. Antin adotou como emblema da nova poética o grande poema de Olson "Quando os mortos nos pesam" ("As the Dead Prey Upon Us").

2. "A Conversation with William Spanos", *boundary 2*, verão de 1990, p.1-3, 16-17. Essa entrevista realizada por Paul Bové, editor que sucedeu a Spanos na revista, é um documento fundamental da história da idéia de pós-moderno. Depois de falar de sua prisão ao protestar contra o bombardeio do Cambodja, Spanos admite que "não associava bem o que fazia como cidadão" e a sua "perspectiva crítica, literária. Não quero dizer que as duas coisas eram absolutamente distintas, mas não tinha consciência da ligação."

3. Em 1930, Ismael Sidky, apoiado pelo palácio e pelos britânicos, fechou o parlamento egípcio. Levantes estouraram por todo o país e foram duramente reprimidos. O número de vítimas foi particularmente elevado em El Mansura. "Ao fim do dia, seis pessoas jaziam mortas nas ruas, dentre elas quatro estudantes adolescentes. Ninguém contou o número de feridos ... Minha fidelidade dilacerava-se entre meu pai e seus inimigos. Três anos depois, Mustafá el Nahas tornou-se primeiro-ministro do Egito. Meu pai foi forçado a renunciar." Ihab Hassan, *Out of Egypt. Scenes and Arguments of an Autobiography*, Carbondale, 1986, p.46-48. Trata-se de um texto de memórias sugestivo sob vários aspectos. Para um angustiante relato de testemunha ocular do massacre, visto de uma sacada quando tinha 11 anos de idade, compare-se a lembrança bem diferente da feminista egípcia Latifa Zayyat: *The Search*, Londres, 1996, p.41-3. O pano de fundo desses acontecimentos é descrito por Jacques Berque, *L'Egypte – Impérialisme et Révolution*, Paris, 1967, p.452-60.

4. "POSTmodernISM: a Paracritical Bibliography", *New Literary History*, outono de 1971, p.5-30; republicado com poucas modificações em *The Postmodern Turn*, Ithaca, 1987, p.25-45.

5. Respectivamente, "Culture, Indeterminacy and Immanence: Margins of the (Postmodern) Age", *Humanities in Society*, nº1, inverno de 1978, p.51-85, e " The Question of Postmodernism", *Bucknell Review*, 1980, p.117-26; este republicado em *The Postmodern Turn*, p.46-83 e (revisto como " The Concept of Postmodernism") 84-96.

6. "The Question of Postmodernism", p.122-124; a última frase não aparece na versão revista publicada em *The Postmodern Turn*, p.89-91.

7. "Pluralism in Postmodern Perspective" (1986), em *The Postmodern Turn*, p.178.

8. *The Postmodern Turn*, p.203-5, 232.

9. *The Postmodern Turn*, p.227.

10. *The Postmodern Turn*, p.229.

11. *The Postmodern Turn*, p.xvii.

12. *Complexity and Contradiction in Architecture*, Nova York, 1966, p.16: "Os arquitetos não podem mais se deixar intimidar pela linguagem puritanamente moral da arquitetura moderna ortodoxa." – "Mais não é menos."

13. *Learning from Las Vegas*, Cambridge, Mass., 1972, p.0 [sic].

14. *Learning from Las Vegas*, p.0, 85.

15. *Learning from Las Vegas*, p.84.

16. *The Language of Postmodern Architecture*, Nova York, 1977, p.7. Estimulado em parte pela obra do crítico marxista Malcolm MacEwan, colega de Edward Thompson no *New Reasoner*, nessa altura Jencks fez uma divisão periódica de "modos de produção arquitetônica" – minicapitalista; Estado capitalista de bem-estar social; capitalista monopolista e o novo predomínio generalizado do incorporador comercial. "Vários arquitetos modernos, numa tentativa desesperada de se animarem, resolveram que, sendo esta uma situação inevitável, devia ter também seus pontos favoráveis ... 'A Rua Principal é quase OK', segundo Robert Venturi": p.11-12, 35.

17. *The Language of Postmodern Architecture*, edição revista e ampliada, Nova York, 1978, p.6-8: "o modernismo padece de elitismo. O pós-modernismo está tentando superar esse elitismo" estendendo as mãos "para o vernáculo, para a tradição e para a gíria comercial das ruas" – "a arquitetura, em dieta forçada há cinqüenta anos, só pode se divertir e em conseqüência ficar mais forte e mais profunda". A discussão do Gaudí pré-modernista foi excluída da nova versão, sob o pretexto da consistência.

18. Mais tarde ele proclamaria que a resposta a suas "conferências e artigos foi tão poderosa e generalizada que criou o pós-modernismo como movimento social e arquitetônico". *Post-Modernism: the New Classicism in Art and Architecture*, Nova York, 1987, p.29.

19. *Late Modern Architecture*, Nova York, 1980, p.10-30.

20. *What is Post-Modernism?*, Londres, 1986, p.44-7.

21. *What is Post-Modernism?*, p.43.

22. "The Unconscious as Mise-en-Scène", em Michael Benamou e Charles Caramello (orgs.), *Performance in Postmodern Culture*, Madison, 1977, p.95. Hassan fez o discurso chave nessa conferência. Sobre o contato intelectual entre os dois nessa época, ver *La Condition Postmoderne*, notas 1, 121, 188, e *The Postmodern Turn*, p.134, 162-64.

23. *La Condition postmoderne. Rapport sur le savoir*, Paris, 1979, p.97. Tradução americana: *The Postmodern Condition*, Minneapolis, 1984, p.60.

24. *La Condition postmoderne*, p.98; *The Postmodern Condition*, p.60.

25. "Construí histórias, me referi a uma quantidade de livros que nunca li. Parece que isso impressionou as pessoas, é tudo um pouco paródia ... É simplesmente o pior dos meus livros, que são quase todos ruins; mas esse é o pior." *Lotta Poetica*, série 3, vol.1, nº1, janeiro de 1987, p.82. Trata-se de uma entrevista de interesse biográfico mais geral.

26. *Dérive à partir de Marx et Freud*, Paris, 1973, p.12-3, 16-8.

27. *Dérive à partir de Marx et Freud*, p.20.

28. *Economie libidinale*, Paris, 1974, p.136-8.

29. *Instructions païennes*, Paris, 1977, p.55. A primeira utilização dos termos "grande narrativa" e "metanarrativa" por Lyotard identifica seu referencial, sem mais aquela, no marxismo: p.22-3.

30. *Les Transformateurs Duchamp*, Paris, 1977, p.23, 39-40.

31. "Réponse à la question: qu'est-ce que le postmoderne?", em *Le Postmoderne expliqué aux enfants*, Paris, 1986, p.29-33. Tradução em inglês, "Answering the Question: What is Postmodernism?", apêndice a *The Postmodern Condition*, p.73-6.

32. "Le sublime et l'avant-garde" (conferência proferida em Berlim em 1983), em *L'Inhumain. Causeries sur le Temps*, Paris, 1988, p.117.

33. "Mémorandum sur la légitimité" (1984), em *Le Postmoderne expliqué aux enfants*, p.94.

34. "Appendice svelte à la question postmoderne" (1982), em *Tombeau de l'intellectuel et autres papiers*, Paris, 1984, p.80.

35. *Moralités postmodernes*, Paris, 1993, p.80-6.

36. "Billet pour un nouveau décor" (1985), em *Le Postmoderne expliqué aux enfants*, p.131-4.

37. "Une fable postmoderne", em *Moralités postmodernes*, p.86-7.

38. "Une fable postmoderne", p.91-3, 87.

39. "Mur, golfe, système" (1990), em *Moralités postmodernes*, p.67-68.

40. Ver, em particular, "A l'insu" (1988), "Ligne générale" (1991) e "Intime est la terreur" (1993), em *Moralités postmodernes*; e "Avant-propos: de l'humain" (1988), em *L'Inhumain*, onde Lyotard confessa: "a desumanidade do sistema ora em processo de consolidação com o nome de desenvolvimento (entre outros) não deve ser confundida com aquela, infinitamente secreta, de que a alma é refém. Acreditar,

como acreditei outrora, que o primeiro tipo de desumanidade pode retransmitir o segundo, expressá-lo, é um erro. O efeito do sistema é, antes, o de votar ao esquecimento o que lhe escapa" (p.10). Mais recentemente, em "La Mainmise", Lyotard repete a "fábula do desenvolvimento", mas muda de registro: aqui ela "antecipa uma contradição" – pois "o processo de desenvolvimento vai contra o desígnio humano da emancipação", embora alegue fazer frente com ele. "Há alguma instância dentro de nós que pede para ser emancipada dessa suposta emancipação?" – pergunta Lyotard, para responder: o "resíduo" legado pela "infância imemorial" ao "gesto do testemunho" na obra de arte: *Un Trait d'union*, Paris, 1993, p.9.

41. *Moralités postmodernes*, p.93-4.

42. "Die Moderne – ein unvollendetes Projekt", *Kleine politische Schriften (I-IV)*, Frankfurt, 1981, p.444. Esse discurso alemão era bem maior e mais incisivo que a versão em inglês proferida por Habermas no ano seguinte numa conferência em Nova York e publicada em *New German Critique*, inverno de 1981, p.3-15. Abre com a pergunta abrupta: "será que o moderno é tão ultrapassado como pretendem os pós-modernos? Ou será que o pós-moderno mesmo, proclamado por tantos, não passa de uma falsificação [sic]?"

43. Ao público alemão Habermas explicou que "uma rearticulação da cultura moderna com a práxis cotidiana" não dependia apenas da "capacidade do mundo para desenvolver instituições que limitem a dinâmica interna dos sistemas de ação econômica e administrativa", mas "*também* [d]a condução da modernização social por *outros* caminhos, não capitalistas" – "wenn *auch* die gesellschaftliche Modernisierung in *andere* nichtkapitalistische Bahnen gelenkt wurden kann". Falando ao público americano, omitiu discretamente esta oração, deixando apenas seu anódino complemento. Comparar "Die Moderne – ein unvollendetes Projekt", p.462, com "Modernity – an Incomplete Project", p.13.

44. "Moderne und postmoderne Architektur", em *Die Neue Unübersichtlichkeit*, Frankfurt, 1985, p.15; traduzido para o inglês em *The New Conservatism*, Cambridge, Mass., 1989, p.8.

45. "Moderne und postmoderne Architektur", p.18.

46. Ibid., p.23.

47. Ibid., p.23.

48. Ibid., p.25.

49. Ibid., p.26.

50. Ibid., p.27.

3
Compreensão

Essa era a situação quando Fredric Jameson deu sua primeira conferência sobre pós-modernismo no outono de 1982. Duas obras haviam feito dele o maior crítico literário marxista do mundo, embora ele já tivesse tornado os termos bem restritos. *Marxism and Form* (1971) era uma reconstrução original, através dos estudos de Lukács, Bloch, Adorno, Benjamin e Sartre, de praticamente todo o cânone intelectual marxista do Ocidente desde *História e consciência de classe* até a *Crítica da razão dialética*, do ponto de vista de uma estética contemporânea fiel ao seu legado múltiplo. *The Prison-House of Language* (1972) fez uma explicação complementar do modelo lingüístico desenvolvido por Saussure e suas projeções no formalismo russo e no estruturalismo francês, concluindo com a semiótica de Barthes e Greimas: um reverente mas rigoroso exame dos méritos e limites de uma tradição sincrônica que virou a cara às tentações da temporalidade.

Fontes

Os próprios compromissos de Jameson como crítico eram firmes e claros. São talvez melhor discernidos no seu posfácio a *Aesthetics and Politics* (1976), volume que reúne os clássicos debates que envolveram Lukács, Brecht, Bloch, Benjamin e Adorno uns contra os outros. Para Jameson, que escrevia exatamente quando as noções de pós-modernismo começavam a circular nos departamentos de literatura das universidades, o que estava em jogo nesse intercâmbio de idéias era "o conflito estético entre realismo e modernismo, cuja navegação e renegociação é ainda inevitável para nós hoje".[1] Se cada um mantinha sua verdade, embora nenhum dos dois pudesse mais ser aceito como tal, a ênfase da abordagem de Jameson recaía, de maneira sutil mas inequívoca, no lado desprezado da oposição. Ao observar as deficiências da tentativa de Lukács de prolongar as formas tradicionais de realismo para o presente, ele assinalou que Brecht não podia ser tomado simplesmente como um antídoto modernista, dada sua própria hostilidade à experimentação puramente formal. Brecht e Benjamin pretenderam mesmo uma arte revolucionária capaz de se apropriar da tecnologia moderna para alcançar um público popular – ao passo que Adorno tinha mais refinadamente sustentado que a lógica formal do próprio alto modernismo, em suas autonomia e abstração mesmas, era o único lugar para onde se poderia fugir à política. Mas o capitalismo de consumo do pós-guerra afastou a possibilidade de qualquer uma das duas, com a indústria do entretenimento zombando das esperanças de Brecht e Benjamin e uma cultura dominante mumificando os modelos de Adorno.

O resultado foi um presente no qual "as alternativas do realismo e do modernismo nos parecem intoleráveis: o realismo porque suas formas revivem a experiência mais antiga de um tipo de vida que não está mais entre nós no futuro já arruinado da sociedade de consumo; o modernismo porque suas contradições se revelaram na prática mais agudas que as do realismo". Pode-se pensar que precisamente aí encontra-se uma abertura para o pós-modernismo como a arte do período. Revendo a situação, porém, o espantoso não é tanto que essa resolução seja evitada. Ela é considerada e rejeitada. "Uma estética da novidade hoje – já entronizada como a ideologia crítica e formal dominante – deve procurar desesperadamente renovar-se com rotações cada vez mais rápidas sobre o próprio eixo, com o modernismo tentando virar pós-modernismo sem deixar de ser moderno." Os sinais dessa involução foram a volta da arte figurativa, como representação de imagens em vez de coisas no fotorrealismo, e o renascimento da trama na ficção, com um pastiche de narrativas clássicas. A conclusão de Jameson foi um desafio calculado dessa lógica, virando seus termos contra ela mesma. "Em circunstâncias como estas questiona-se de certo modo se a renovação última do modernismo, a subversão dialética final das convenções agora automatizadas de uma estética da revolução permanente, não seria simplesmente ... o próprio realismo!" Como as técnicas de isolamento modernistas degeneraram em convenções padronizadas de consumo cultural, era esse próprio "hábito da fragmentação" que precisava agora ser isolado em alguma arte recém-totalizante. Os debates do período entreguerras deram assim uma lição paradoxal ao presente. "Num desfecho inesperado, pode ser Lukács – por mais errado que possa ter sido nos anos 30 – que tenha a última palavra provisória para nós hoje." O legado contraditório daqueles anos deixou aos contemporâneos uma tarefa precisa mas imponderável. "Claro, ele não pode nos dizer qual deve ser nossa concepção de realismo; mas seu estudo torna impossível para nós não sentir a obrigação de reinventar uma."[2]

A visão inicial que Jameson teve de pós-modernismo tendia assim a encará-lo como sinal da degenerescência interna do modernismo, para a qual o remédio era um novo realismo ainda a ser ideado. As tensões embutidas nessa posição encontraram maior e ainda mais nítida expressão no ensaio programático que ele publicou praticamente à mesma época sobre "A ideologia do texto". Pois essa intervenção crítica abre com as seguintes palavras: "tudo no ar parece confirmar a sensação generalizada de que 'os tempos modernos agora terminaram' e que alguma divisão, algum corte fundamental ou salto qualitativo, agora nos separa decididamente daquele que foi o novo mundo do início do século XX, o do modernismo triunfante." Dentre os fenômenos que evidenciavam "uma distância irrevogável em relação ao passado imediato" – junto com o papel desempenhado pelos computadores, a genética, a *détente* e outros – estava "o pós-modernismo na literatura e na arte". Todas essas novidades, observou Jameson, tendiam a gerar ideologias de mudança, geralmente de aparência apologética, quando se fazia necessária uma teoria capaz de conectar a "grande transformação" atual ao "destino a longo prazo do nosso sistema socioeconômico".[3] Uma dessas ideologias, de particular interesse e influência, é a idéia atual de textualidade.

Tomando o estudo de Barthes sobre a novela *Sarrasine*, de Balzac, como modelo exemplar do novo estilo de análise literária – e o próprio Barthes como um "termômetro" de sucessivas modas intelectuais –, Jameson afirmou que ele poderia ser visto como uma espécie de *replay* da controvérsia realismo/modernismo. Transformada por Barthes numa oposição entre o legível e o descritível, a dualidade estimulou censuras às narrativas realistas, cujo moralismo funcionava como compensação para uma incapacidade de situar diferenças formais numa história diacrônica sem louvor ou culpa ideológicos. O melhor antídoto para tais avaliações era "historicizar a oposição binária, acrescentando um terceiro termo". Pois "tudo muda no momento em que visualizamos um 'antes' do próprio realismo" – contos medievais, novelas renascentistas, que revelam a modernidade peculiar das formas mesmas do século XIX como um veículo único e irreproduzível da revolução cultural necessária para adaptar os seres humanos às novas condições da existência industrial. Nesse sentido, "o realismo e o modernismo devem ser vistos como expressões históricas específicas e determinadas do tipo de estruturas socioeconômicas às quais correspondem, a saber o capitalismo clássico e o capitalismo de consumo". Se o lugar não era apropriado para uma análise marxista integral dessa seqüência, era "certamente o momento de acertar contas com a *ideologia* do modernismo que deu seu título ao presente ensaio".[4]

A importância dessa passagem estaria na sua revisão. A crítica engenhosa e flexível de Jameson a Barthes deixou, no entanto, uma lacuna visível entre sua premissa inicial e essa conclusão. Porque "A ideologia do texto" começara registrando uma divisão fundamental entre o presente e a época do modernismo, agora declarado findo. Se tal intuição era correta, como é que poderia um dos sintomas dessa mudança – a idéia de textualidade – ser pouco mais que uma ideologia do que a precedeu? Foi essa falha lógica que Jameson procurou eliminar ao fazer a revisão do ensaio para publicação em livro doze anos depois. Aqui, retrospectivamente, pode se situar com grande precisão o umbral a ser transposto para uma volta ao pós-moderno. Ele cortou a passagem citada acima e em seu lugar escreveu: "a tentativa de desestabilizar esse dualismo aparentemente inabalável com o acréscimo de um terceiro termo sob a forma de alguma narrativa "clássica" – ou pré-capitalista – revelou um sucesso apenas parcial, modificando as categorias de trabalho de Barthes mas não seu esquema histórico fundamental. Tentemos portanto deslocar este último de modo diferente, introduzindo um terceiro termo, por assim dizer, na outra ponta do seu espectro temporal. O conceito de *pós-modernismo* de fato incorpora todos os aspectos da estética de Barthes."[5]

Esta era a visão que, torturantemente próxima, ainda continuava fora de alcance no final dos anos 70. Outros textos do período hesitam no mesmo ponto. O que possibilitou a Jameson transpô-lo com tal brio alguns anos depois, no Museu Whitney, produzindo uma teoria completa praticamente de uma estocada? Algumas fontes da mudança de direção seriam mais tarde notadas pelo próprio Jameson, outras continuam objeto de conjetura. A primeira e mais importante está na sua própria sensação inicial da novidade do capitalismo do pós-guerra. As páginas iniciais de *Marxism and Form* ressaltavam a ruptura de toda continuidade com o passado nos novos modos de organização do capital. "A realidade com que a crítica marxista dos anos 30 tinha que lidar era a de uma Europa e uma América mais simples que já não existiam. Esse mundo tinha mais em comum com as formas de vida dos séculos anteriores do que com a nossa." O recuo do conflito de classes na metrópole, enquanto a violência era projetada para fora; o peso enorme da propaganda e da fantasia da mídia para toldar as realidades da divisão e da exploração; a separação entre existência pública e privada – tudo isso criou uma sociedade sem precedentes. "Em termos psicológicos podemos dizer que, como economia de serviços, estamos doravante tão afastados das realidades da produção e do trabalho que habitamos um mundo onírico de estímulos artificiais e experiência via TV: nunca, em nenhuma civilização anterior, as grandes preocupações metafísicas, as questões fundamentais do ser e do significado da vida pareceram tão absolutamente remotas e sem sentido."[6]

Aqui, a partir do início, podem-se ver as origens de temas que iriam figurar de forma tão ampla na obra posterior de Jameson sobre o pós-modernismo. Duas influências, a seu ver, ajudaram a desenvolvê-las, permitindo que apresentasse cada uma com um efeito bem diferente nos anos 80. Uma foi a publicação de *Capitalismo avançado*, de Ernest Mandel, primeira teoria da história do capital a surgir desde a guerra, fornecendo a base empírica e conceitual para compreender o presente como uma configuração qualitativamente nova na trajetória desse modo de produção. Jameson manifestaria em várias ocasiões sua dívida para com essa obra desbravadora. Um segundo estímulo – menor, mas ainda significativo – foi o texto de Baudrillard sobre o papel do simulacro no imaginário cultural do capitalismo contemporâneo.[7] Era uma linha de pensamento que Jameson havia previsto, mas o tempo que Baudrillard passou em San Diego quando Jameson lecionava ali certamente exerceu um impacto sobre ele. A diferença, claro, é que naquela época Baudrillard – de início próximo dos situacionistas – repudiava veementemente o legado marxista que Mandel se propusera a desenvolver.

Outro tipo de catalisador pode provavelmente remontar à partida de Jameson para Yale no final dos anos 70. Pois essa, naturalmente, era a universidade cujo prédio de arte e arquitetura, projetado por Paul Rudolph, diretor da escola de arquitetura, tinha sido apontado por Venturi como um resumo da brutalidade nula em que decaíra o movimento moderno e onde ensinavam o próprio Venturi, Scully e Moore. De modo que Jameson se viu lançado ao vórtice dos conflitos arquitetônicos entre o moderno e o pós-moderno. Ao registrar com bom humor que foi essa a arte que o despertou do "sono dogmático", sem dúvida se referia àquele cenário. Pode ser mais adequado dizer que a arquitetura o libertou para o visual. Até os anos 80, Jameson concentrara sua atenção quase exclusivamente na literatura. A virada para uma teoria do pós-moderno viria a ser, ao mesmo tempo, uma mudança impressionante para as outras artes também – quase todas elas. Isso não envolveu um arrastão de amarras políticas. No caso imediato do ambiente edificado, ele teve na obra de Henri Lefebvre – outro visitante na Califórnia – um importante recurso para trabalhar o legado do marxismo ocidental. Jameson foi talvez o primeiro fora da França a fazer bom uso do sugestivo corpo de idéias de Lefebvre sobre as dimensões urbanas e espaciais do capitalismo de pós-guerra, como mais tarde registraria logo a formidável escrita arquitetônica do crítico veneziano Manfredo Tafuri, um marxista mais próximo de Adorno.

Por fim houve talvez a provocação direta apresentada pelo próprio Lyotard. Quando uma tradução integral em inglês da *Condição pós-moderna* ficou pronta em 1982, pediram a Jameson que escrevesse uma introdução. O ataque de Lyotard às metanarrativas pode bem ter visado especificamente a ele. Porque exatamente um ano antes Jameson havia publicado um importante livro de teoria literária, *The Political Unconscious*, cujo argumento central era a mais eloqüente e expressa apresentação já feita do marxismo *como* uma grande narrativa. "Só o marxismo pode nos dar uma visão adequada do *mistério* essencial do passado cultural", escreveu – um "mistério [que] só pode ser reencenado se a aventura humana for uma". Só assim questões mortas há muito tempo, como uma transumância tribal, uma controvérsia teológica, choques na *polis* ou duelos nos parlamentos do século XIX, podem ser revividas. "Tais assuntos só podem recuperar sua urgência para nós se forem recontados dentro da unidade de uma única grande história coletiva; somente se, não importa sob que forma disfarçada e simbólica, forem vistos partilhando um único tema fundamental – para o marxismo, a luta coletiva para arrancar de um reino de Necessidade um reino de Liberdade; somente se forem entendidos como episódios vitais numa única e vasta trama inacabada."[8] Quando Lyotard lançou seu ataque, nenhum marxista tinha efetivamente apresentado o marxismo como sendo em essência uma narrativa – era mais comumente entendido como uma análise. Mas dois anos depois, como que por encomenda, Jameson ofereceu exatamente o que Lyotard tinha suposto.

Mas se nesse sentido *A condição pós-moderna* deve ter sido, quando se deparou com a obra, o mais direto desafio a Jameson que se poderia conceber, um outro lado da argumentação de Lyotard era estranhamente semelhante à dele. Pois a premissa dos dois pensadores – exposta, quando nada, de maneira ainda mais enfática por Lyotard – era que a narrativa é uma instância fundamental da mente humana.[9] A provocação da abordagem da pós-modernidade por Lyotard deve portanto ter em certa medida agido sobre Jameson de forma ambivalente, apressando suas próprias reflexões sobre o assunto. Ele desincumbiu-se com graça e argúcia da difícil tarefa de introduzir uma obra por cuja posição geral pode ter tido tão pouca simpatia. A argumentação de Lyotard era certamente notável. Mas, com sua concentração nas ciências, pouco dizia acerca das manifestações culturais e políticas ou sua influência nas mudanças socioeconômicas.[10] E foi para esses tópicos que Jameson então se voltou.

Cinco lances

O texto básico que abre *A guinada cultural*, conferência de Jameson proferida no Museu Whitney de Artes Contemporâneas no outono de 1982 e que se tornaria o núcleo do seu ensaio "Postmodernism – the Cultural Logic of Late Capitalism" publicado na *New Left Review* na primavera de 1984, redesenhou todo o mapa pós-moderno de uma tacada – gesto fundador prodigioso que dominou a área a partir de então. Cinco lances decisivos marcaram essa intervenção. O primeiro e mais fundamental vinha com o título – a ancoragem do pós-modernismo em alterações objetivas da ordem econômica do próprio capital. Não mais uma mera ruptura estética ou mudança epistemológica, a pós-modernidade torna-se o sinal cultural de um novo estágio na história do modo de produção reinante. É espantoso que essa idéia, diante da qual Hassan hesitou e desistiu, fosse tão estranha a Lyotard e Habermas, embora ambos tivessem uma formação marxista que de forma alguma estava completamente extinta.

No Museu Whitney, a expressão "sociedade de consumo" funcionou como uma espécie de telêmetro para um futuro levantamento topográfico de maior precisão. Na versão subseqüente, para a *New Left Review*, o "novo momento do capitalismo multinacional" foi focalizado de forma mais minuciosa. Aí Jameson assinalou a explosão tecnológica da eletrônica moderna e seu papel como principal fonte de lucro e inovação; o predomínio empresarial das corporações multinacionais, deslocando as operações industriais para países distantes com salários baixos; o imenso crescimento da especulação internacional; e a ascensão dos conglomerados de comunicação com um poder sem precedentes sobre toda a mídia e ultrapassando fronteiras. Esses fenômenos tiveram profundas conseqüências em cada dimensão da vida nos países industriais avançados – nos ciclos de negócio, nos padrões de emprego, nas relações de classe, nos destinos regionais, nos interesses políticos. Numa perspectiva mais ampla, porém, a mudança mais fundamental de todas está no novo horizonte existencial dessas sociedades. A modernização estava agora quase concluída, apagando os últimos vestígios não apenas de formas sociais pré-capitalistas como de todo território natural intacto, de espaço ou experiência, que as sustentara ou sobrevivera a elas.

Num universo assim purgado de natureza, a cultura necessariamente expandiu-se ao ponto de se tornar praticamente coextensiva à própria economia, não apenas como base sintomática de algumas das maiores indústrias do mundo – com o turismo agora superando todos os outros setores em emprego global – mas de maneira muito mais profunda, uma vez que todo objeto material ou serviço imaterial vira, de forma inseparável, uma marca trabalhável ou produto vendável. A cultura nesse sentido, como inevitável tecido da vida no capitalismo avançado, é agora a nossa segunda natureza. Enquanto o modernismo extraía seu propósito e energias da persistência do que ainda não era moderno, do legado de um passado ainda pré-industrial, o pós-modernismo é a superação dessa distância, a saturação de cada poro do mundo com o soro do capital. Nenhuma ruptura política radical, nenhuma tempestade súbita nos céus da história marca "esse modestíssimo e brando apocalipse, levíssima brisa marinha"[11] que representa uma momentosa transformação nas estruturas subjacentes da sociedade burguesa contemporânea.

Quais foram as conseqüências dessa mudança no mundo objetivo para a experiência do sujeito? O segundo lance claro de Jameson foi uma exploração das metástases da psique nessa nova conjuntura. Inicialmente abordado num breve comentário sobre a "morte do sujeito", o desenvolvimento desse tema logo se tornaria talvez a mais famosa de todas as facetas de sua interpretação do pós-moderno. Numa série de descrições fenomenológicas impressionantes, Jameson traçou o *Lebenswelt* [mundo da vida – N.T.] característico da época como as formas espontâneas da sensibilidade pós-moderna. Era uma paisagem psíquica, segundo ele, cuja base fora rompida pela grande agitação dos anos 60 – quando tantos invólucros de identidade tradicionais foram desfeitos pela dissolução das restrições dos costumes – mas que agora, após as derrotas políticas da década de 70, se achava expurgada de todos os resíduos radicais. Entre os traços da nova subjetividade, com efeito, estava a perda de qualquer senso ativo de história, seja como esperança, seja como memória. O carregado senso do passado que caracterizara o modernismo já não existia – fosse como transpiração de tradições repressivas ou reservatório de sonhos frustrados – e desapareceu a intensa expectativa do futuro – como possível cataclisma ou transfiguração – que caracterizara o modernismo. No máximo, apagando-se num perpétuo presente, os estilos e imagens *retrô* proliferaram como substitutos do temporal.

Na era do satélite e da fibra ótica, por outro lado, o espacial comanda como nunca esse imaginário. A unificação eletrônica da Terra, instituindo a simultaneidade de eventos mundo afora como espetáculo diário, instalou uma geografia substituta nos recessos de cada consciência, enquanto as redes circundantes de capital multinacional que efetivamente dirigem o sistema ultrapassam a capacidade de qualquer percepção. A ascendência do espaço sobre o tempo na constituição do pós-moderno está assim sempre em desequilíbrio, com as realidades a que responde constitutivamente sobrepujando-a – induzindo, como sugere Jameson numa passagem famosa, essa sensação de que só se pode captar com uma sardônica atualização da lição kantiana: o "histérico sublime".

Convencionalmente a histeria denota um exagero da emoção, um fingimento meio inconsciente de intensidade para melhor encobrir alguma insensibilidade interior (ou, do ponto de vista psicanalítico, exatamente o contrário). Para Jameson, esta é uma condição geral da experiência pós-moderna, marcada por uma "diminuição do afeto" que ocorre quando o velho eu amarrado começa a se desgastar. O resultado é uma nova superficialidade do sujeito, não mais seguro dentro de parâmetros estáveis nos quais os registros de alto e baixo são inequívocos. Mas, em compensação, a vida psíquica torna-se debilitantemente acidentada e espasmódica, marcada por súbitas depressões e mudanças de humor que lembram algo da fragmentação esquizofrênica. Esse fluxo oscilante e hesitante impede tanto a catexia como a historicidade. Significativamente, às vacilações do investimento libidinal na vida privada correspondeu uma erosão dos marcadores de geração na memória pública, com as décadas que se seguiram aos anos 60 tendendo a nivelar-se numa seqüência desinteressante classificada sob o rol comum do pós-moderno. Mas se essa descontinuidade enfraquece o senso de diferença entre os períodos no nível social, seus efeitos estão longe de monótonos no nível individual. Aí, ao contrário, as polaridades típicas do sujeito vão da exaltação da "corrida às mercadorias", do eufórico entusiasmo do espectador ou consumidor, para a depressão no "vazio niilístico mais profundo do nosso ser", como prisioneiros de uma ordem que resiste a qualquer outro controle ou significado.[12]

Tendo identificado o campo de força da pós-modernidade nas mudanças estruturais do capitalismo avançado e um difuso escalonamento de identidades sob elas, Jameson pôde fazer o terceiro lance, desta vez no terreno da própria cultura. Sua inovação aí foi tópica. Até então, toda sondagem do pós-moderno fora setorial. Levin e Fiedler detectaram-no na literatura; Hassan estendeu-o à pintura e à música, ainda que mais por alusão que investigação; Jencks concentrou-se na arquitetura; Lyotard deteve-se na ciência; Habermas lidou com a filosofia. A obra de Jameson teve outro escopo – uma majestosa expansão do pós-moderno por praticamente todo o espectro das artes e grande parte do discurso sobre elas. O resultado é um painel da época incomparavelmente mais rico e abrangente do que qualquer outro registro dessa cultura.

A arquitetura, estopim da virada de Jameson para o pós-moderno, permaneceu sempre no centro da sua visão. Sua primeira análise extensa de uma obra pós-moderna foi um grande cenário, *Bonaventure*, sobre o hotel homônimo de Portman em Los Angeles, cujo início reproduzo abaixo – e, como evidencia a citação, o mais memorável exercício isolado sobre pós-modernismo em toda a literatura. As meditações posteriores de Jameson cruzaram deliberadamente um campo repleto de candidatos à crítica: primeiro Gehry, depois Eisenmann e Koolhaas. A supremacia do espaço no quadro de categorias da compreensão pós-moderna, segundo ele, mais ou menos garantia um lugar de destaque à arquitetura na mutação cultural do capitalismo avançado. Argumentou de modo consistente que aí tinham sido liberadas explosivas energias criativas, numa variedade de formas do despojado ao suntuoso, que nenhuma outra arte podia hoje igualar, ao mesmo tempo representando, de forma mais gráfica que qualquer outra arte, diferentes tipos de proposição ao novo sistema econômico mundial ou tentativas de iludi-lo – não apenas na dependência prática de seus aeroportos, hotéis, bolsas, museus, casas de campo ou ministérios face às estimativas de lucro ou caprichos do prestígio, como na materialidade mesma de suas formas.

A seguir, no sistema das artes pós-modernas, vem o cinema. Por mais surpreendente que seja, revendo os fatos, os filmes constituíram uma notável ausência na discussão inicial do pós-modernismo. Não que esse silêncio fosse realmente inexplicável. A principal razão provavelmente pode ser encontrada numa famosa observação de Michael Fried: "o cinema não é, mesmo o mais experimental, uma arte moderna".[13] Queria em parte dizer que o filme, como meio de expressão mais mesclado que existe, foi privado desse impulso de pureza, característico de toda arte livre de referências a qualquer outra, que Greenberg sustentou ser a estrada régia do moderno. Mas o julgamento poderia ser encarado em outro sentido, mais amplo. Pois o triunfo do realismo hollywoodiano não reverteu efetivamente a trajetória do modernismo, com o Technicolor banindo as audácias do cinema mudo para a pré-história do cinema? Esse, pelo menos, foi o desafio que Jameson assumiu.

Seu interesse foi inicialmente despertado por um gênero cinematográfico que viria a designar com o sugestivo oxímoro "nostalgia do presente": filmes como *Corpos ardentes* ou, numa outra chave, *Guerra nas estrelas* ou, ainda, *Veludo azul*, que exprimem de maneira ainda mais profunda que a própria onda de filmes *retrô* – já com mais de duas décadas de produção, desde *American Graffiti* a *Indochina* – a perda tipicamente pós-moderna de qualquer senso de passado, numa contaminação oculta do atual pelo melancólico, um tempo que anseia por si mesmo num impotente refúgio. Se tais formas, substitutos ou deslocamentos da verdadeira memória periódica, indicam uma corrupção do temporal, outros gêneros podem ser vistos como reações ao surgimento do ultra-espacial: sobretudo os filmes de conspiração – *Videodrome* ou *The Parallax View*, interpretados como alegorias cegas da totalidade irrepresentável do capital global e suas redes impessoais de poder.

No devido tempo, Jameson procedeu à teorização mais completa da história do cinema que integra a lógica da sua investigação. Houve dois ciclos separados no desenvolvimento dessa arte, segundo ele. O cinema mudo trilhou de fato um caminho do realismo ao modernismo, ainda que dessincronizado – em razão do seu *timing* como possibilidade técnica – da mudança do capitalismo nacional para capitalismo imperialista que presidiu no geral àquela transição. Mas essa evolução foi cortada pelo som antes que houvesse uma chance para o pós-moderno. Um segundo ciclo recapitulou então as mesmas fases num novo nível tecnológico, com Hollywood inventando um realismo na tela com uma panóplia de gêneros narrativos e convenções visuais todas suas e o cinema de arte europeu do imediato pós-guerra produzindo uma nova onda de alto modernismo. Se o cinema pós-moderno que apareceu desde então foi marcado pelas compulsões nostálgicas, a sorte da imagem em movimento no período de forma alguma se limitou a elas. Com efeito, era mais provável que o vídeo despontasse como o meio tipicamente pós-moderno – quer nas formas dominantes da TV comercial, em que praticamente se fundiram o entretenimento e a propaganda, quer nas práticas opostas do vídeo *underground*. Inevitavelmente, a crítica do futuro teria que se ocupar disso cada vez mais.

O setor da propaganda e do *design* gráficos, por sua vez, era agora cada vez mais interpenetrado com as belas-artes, como impulso do estilo ou fonte de material. No espaço pictórico, a falta de profundidade pós-moderna encontrou perfeita expressão nas superfícies despojadas da obra de Warhol, com suas representações hipnoticamente vazias da página de moda, da prateleira de supermercado, da tela de televisão. Jameson montaria aí a mais refinada de todas as justaposições do alto moderno e do pós-moderno, numa comparação das botas de camponês de Van Gogh, emblemas do trabalho material resgatado numa fogueira de cores, com um dos conjuntos de bombas de Warhol, simulacros vítreos, sem tom ou campo, suspensos num vazio gélido. Com efeito, o aparecimento da *pop art* tinha sido notado por Jameson muito tempo antes como um alerta barométrico das mudanças atmosféricas em curso – como presságios de um anticiclone cultural mais vasto que se aproximava. Mas assim que mergulhou de vez no pós-moderno, sua atenção voltou-se para práticas que buscavam ultrapassar as convenções que o momento havia deixado para trás, numa arte conceitual que se libertava inteiramente da moldura pictórica. Nas instalações de Robert Gober, fantasias de uma comunidade não localizável, e de Hans Haacke, *kits* de batalha de uma rebeldia argumentativa, tipos alternativos de imaginação – com algo de Emerson ou Adorno – extraem esclarecimentos utópicos das pressões de enclausuramento do próprio pós-moderno.

Essas energias radicais, liberadas à medida que os limites entre a pintura e a escultura, o edifício e a paisagem se dissolvem cada vez mais, pertencem a uma produtividade mais ampla, observável em muitas outras formas flexíveis. Típico dessa cultura, observa Jameson, é um privilégio do visual que a distingue do alto modernismo, no qual o verbal ainda detinha muito de sua antiga autoridade. Não que a literatura tenha sido menos afetada pela mudança do período; mas, na visão de Jameson, gerou obras menos originais. Pois aqui, talvez mais do que em qualquer outra arte, o motivo mais insistente do novo era um jocoso ou portentoso parasitismo sobre o velho. Nos textos de Jameson, o nome desse recurso é pastiche. A fonte disso está na crítica de Adorno ao que considerou na *Filosofia da música moderna* um ecletismo regressivo de Stravinsky; mas Jameson deu uma definição mais aguçada. O pastiche era uma "paródia vazia", sem ímpeto satírico, dos estilos do passado. Disseminando-se da arquitetura para o cinema, da pintura para o *rock*, tornou-se a mais padronizada assinatura do pós-moderno em todas as artes. Mas pode-se argumentar que a ficção tornou-se o domínio do pastiche por excelência. Pois aqui a imitação do que está morto, não tolhida por códigos de edificação ou imposições de bilheteria, podia baralhar não apenas estilos mas também as próprias épocas à vontade, revolvendo e emendando passados "artificiais", misturando o documental com o fantástico, fazendo proliferar anacronismos, numa revitalização do – que ainda deve ser forçosamente chamado de – romance histórico. Jameson identificou essa forma no começo, numa leitura elegíaca das ficções políticas de Doctorow sobre um passado radicalismo americano hoje esquecido em que a impossibilidade de ter qualquer referencial histórico firme obscurece o próprio eclipse que os romances lamentam.

Juntamente com essas mudanças nas artes e às vezes mesmo atuando diretamente dentro delas, os discursos tradicionalmente preocupados com o campo cultural sofreram uma implosão própria. As disciplinas outrora bem separadas da história da arte, da crítica literária, da sociologia, da ciência política e da história começaram a perder os seus claros limites, cruzando-se em investigações híbridas e transversas que não mais podiam ser facilmente situadas num ou noutro domínio. A obra de Michel Foucault, observou Jameson, era um destacado exemplo desse tipo de pesquisa. O que substituía as velhas divisões das disciplinas era um novo fenômeno discursivo, melhor indicado por sua abreviação americana: "teoria". A forma característica de boa parte dessa obra refletia a crescente textualização dos seus objetos – o que se poderia chamar uma revitalização, imensamente mais versátil, do antigo "comentário". Exemplos destacados desse estilo nos estudos literários eram a escrita desconstrutiva de Paul DeMan e o "novo historicismo" de Walter Benn Michael, cujas obras foram submetidas a uma crítica reverente mas severa de Jameson, sem rejeitar o próprio fenômeno do qual seu próprio trabalho sobre Adorno podia ser visto sob vários aspectos como um exemplo notável.

Para além dos seus efeitos imediatos, o que essa organização do campo intelectual sinalizava era uma ruptura mais fundamental. O carimbo da modernidade, na clássica argumentação de Weber, era a diferenciação estrutural: a autonomização de práticas e valores, outrora intimamente misturados na experiência social, em domínios bem separados. Esse é o processo que – Habermas sempre insistiu – não pode ser cancelado, sob pena de retrocesso. Nesse sentido, não poderia haver sintoma mais sinistro de ruína do moderno do que a ruptura dessas divisões duramente conquistadas. Foi esse o processo que Fried previu e temia em 1967. Uma década depois, ele não apenas se disseminara das artes para as humanidades e ciências sociais, como também, com o aparecimento do cartão-postal filosófico e do anúncio de neon conceitual, estava apagando as linhas que as separavam. O que a modernidade parecia explicar era algo que os grandes teóricos da modernização haviam excluído: uma indiferenciação impensável das esferas culturais.

A ancoragem do pós-modernismo nas transformações do capital; o exame das alterações do sujeito; a ampliação do raio de investigação cultural – depois desses três, Jameson podia fazer um quarto lance lógico. Quais eram as bases sociais e o padrão geopolítico do pós-modernismo? O capitalismo avançado continuava sendo uma sociedade de classes, mas nenhuma classe dentro do sistema era exatamente a mesma de antes. O vetor imediato da cultura pós-moderna deveria certamente ser encontrado nas camadas de empregados e profissionais de afluência recente criadas pelo rápido crescimento dos setores de serviços e especulativo das sociedades capitalistas desenvolvidas. Acima dessa frágil camada *yuppie* avultavam as maciças estruturas das próprias corporações multinacionais, vastos servomecanismos de produção e poder cujas operações perpassam a economia global e determinam suas representações no imaginário coletivo. Abaixo, à medida que foi revolvida uma ordem industrial mais antiga, as tradicionais formações de classe se enfraqueceram, enquanto identidades segmentadas e grupos localizados, tipicamente baseados em diferenças étnicas ou sexuais, se multiplicam. Em escala mundial – na era pós-moderna, a arena decisiva – nenhuma estrutura estável de classe comparável à do capitalismo anterior cristalizou-se ainda. Os que estão acima têm a coerência do privilégio; os que estão embaixo carecem de unidade e solidariedade. Um novo "trabalhador coletivo" tem ainda que surgir. Tais condições são, ainda, de uma certa indefinição vertical.

Ao mesmo tempo, o súbito alargamento horizontal do sistema, com a integração pela primeira vez de praticamente todo o planeta no mercado mundial, significa a entrada de novos povos no palco global, cujo peso humano aumenta rapidamente. A autoridade do passado, que encolhe continuamente sob pressões da inovação econômica no Primeiro Mundo, afunda de outra forma com a explosão demográfica do Terceiro Mundo, à medida que as novas gerações superam em número todas as gerações mortas. Essa expansão das fronteiras do capital inevitavelmente dilui os estoques de cultura herdada. O resultado é uma característica queda de "nível" com o pós-moderno. A cultura modernista era inelutavelmente elitista: produzida por exilados isolados, minorias antipatizadas, vanguardas intransigentes. Arte fundida em molde heróico, era constitutivamente oposicionista: não apenas zombava das convenções do gosto como, mais importante, desafiava as solicitações do mercado.

A cultura do pós-modernismo, argumenta Jameson, é ao contrário muito mais demótica. Pois aqui opera um outro tipo de indiferenciação, mais amplo. A superação de fronteiras nas belas-artes geralmente tem sido vista como um gesto tradicional de não acomodação da vanguarda. A dissolução de fronteiras entre os gêneros "alto" e "baixo" na cultura em geral, já celebrada por Fiedler no fim dos anos 60, respondeu a uma lógica diversa. Desde o início, sua direção foi inequivocamente populista. Nesse aspecto o pós-moderno foi marcado por novos padrões de consumo e produção. De um lado, por exemplo, importantes obras de ficção –

ajudadas por pródiga publicidade – puderam chegar com regularidade às listas de mais vendidas, quando não à tela grande, de uma forma antes impossível. De outro, significativo número de grupos até então excluídos – mulheres, imigrantes, minorias étnicas e outras – ganharam acesso às formas pós-modernas, ampliando consideravelmente a base da produção artística. Em termos de qualidade foi inegável um certo nivelamento: a época das grandes assinaturas individuais e obras-primas do modernismo estava encerrada. Em parte isso refletia uma reação atrasada contra normas de carisma que eram agora anacrônicas. Mas também expressava uma nova relação com o mercado – em cuja medida se identificava uma cultura de acompanhamento da ordem econômica, em vez de antagonismo.

Aí, porém, está precisamente o poder do pós-moderno. Enquanto no seu auge o modernismo nunca passou de um enclave, assinala Jameson, o pós-modernismo hoje é hegemônico. Isso não quer dizer que ele esgota o campo da produção cultural. Qualquer hegemonia, como insistiu Raymond Williams, é um sistema "dominante" e não total, um sistema que virtualmente garante – devido a suas definições seletivas da realidade – a coexistência de formas "residuais" e "emergentes" que a ele resistem. O pós-modernismo era um dominante desse tipo, nada mais. Mas isso já era vasto o bastante. Pois essa hegemonia não se tratava de um caso local. Pela primeira vez, tendia a ser global. Não, porém, como puro denominador comum das sociedades capitalistas avançadas, mas como projeção do poder de uma delas. "Pode-se dizer que o pós-modernismo é o primeiro estilo global especificamente norte-americano."[14]

Se essas eram as principais coordenadas do pós-moderno, qual era a atitude adequada em relação a ele? O lance final de Jameson foi talvez o mais original de todos. Até então podia-se dizer que toda contribuição significativa para a idéia da pós-modernidade carregava uma forte valoração dela, negativa ou positiva. Os juízos antitéticos de Levin e Fiedler, do último Hassan e de

Jencks, de Habermas e Lyotard apresentam um padrão de conjunto. A partir de opiniões políticas distintas, o crítico poderia ou lamentar o advento do pós-moderno como corrupção do moderno ou celebrá-lo como uma emancipação. Bem cedo, logo depois de sua conferência no Museu Whitney, Jameson mapeou uma engenhosa combinação dessas oposições em "Teorias do pós-moderno", reproduzido em *A guinada cultural*. O propósito do seu exercício era indicar a saída desse espaço fechado e repetitivo. As posições políticas de Jameson eram bem à esquerda de qualquer das figuras incluídas nesse levantamento. Só ele havia identificado firmemente o pós-modernismo com um novo estágio do capitalismo, entendido segundo os clássicos termos marxistas. Mas a mera repreensão não era mais frutífera do que a adesão. Outro tipo de abordagem se fazia necessária.

A tentação a evitar, acima de tudo, era a do moralismo. A cumplicidade do pós-modernismo com a lógica do mercado e do espetáculo era inequívoca. Mas a sua simples condenação era inútil. Repetidamente – para surpresa de muitos, tanto à esquerda quanto à direita – Jameson insistiu na futilidade de moralizar sobre a ascensão do pós-moderno. Por mais acurados que fossem seus juízos locais, esse moralismo era um "luxo empobrecido" que uma visão histórica não podia se permitir.[15] Nisso, Jameson era fiel a convicções antigas. As doutrinas éticas pressupunham uma certa homogeneidade local, em que podiam reescrever exigências institucionais como normas interpessoais e com isso reprimir realidades políticas nas "categorias arcaicas do bem e do mal, de há muito desmascaradas por Nietzsche como vestígios sedimentados das relações de poder". Bem antes de discorrer sobre o pós-moderno, ele definiu a posição com que o veria: "a ética, onde quer que reapareça, pode ser tomada como um sinal de tentativa de mistificar e em particular de substituir os juízos complexos e ambivalentes de uma perspectiva mais propriamente política e dialética pelas confortáveis simplificações de um mito binário".[16]

Essas observações visavam um moralismo convencional da direita. Mas aplicavam-se igualmente a um moralismo da esquerda que tentava desprezar ou rejeitar o pós-modernismo em bloco. As categorias morais eram códigos binários de conduta individual; projetadas para o plano cultural, eram intelectual e politicamente desqualificantes. Nem eram os tropos da *Kulturkritik* de proveito maior, com seu vôo tácito ao imaginário de um ou outro passado idílico de cuja sacada se poderia reprovar um presente decaído. A empresa em que Jameson embarcou – sublinhando que requeria muitas mãos – era outra coisa. Uma crítica autêntica do pós-modernismo não podia ser uma recusa ideológica dele. Ao contrário, a tarefa dialética era abrir caminho através dele de forma tão completa que nosso entendimento da época emergisse transformado. Uma compreensão totalizante do novo capitalismo ilimitado – teoria adequada à escala global de suas conexões e disjunções – continuava sendo o irrenunciável projeto marxista. Isso vedava respostas maniqueístas ao pós-moderno. Aos críticos de esquerda que tendiam a olhá-lo com suspeita de acomodação, Jameson replicou com equanimidade. O agente coletivo necessário para confrontar essa desordem ainda não existia, mas uma condição para o seu surgimento era a capacidade de compreendê-la por dentro, como um sistema.

Conseqüências

Com esses parâmetros chegava-se a uma abordagem coerente da pós-modernidade. Daí em diante uma grande visão comanda a área, estabelecendo os termos da oposição teórica da maneira mais formidável que se poderia conceber. É destino normal dos conceitos estratégicos serem submetidos a inesperadas apreensões e inversões políticas no curso da batalha discursiva sobre seu significado. Caracteristicamente, neste século, as conseqüências foram desviadas para a direita – com a "civilização", digamos, outrora uma orgulhosa divisa do pensamento progressista iluminista, tornando-se um estigma de decadência nas mãos do conservadorismo alemão; a "sociedade civil", um termo crítico para o marxismo clássico, agora transformada em estrela-guia na linguagem do liberalismo contemporâneo. No domínio conquistado por Jameson sobre o termo pós-modernismo, testemunhamos o feito inverso: um conceito cujas origens visionárias foram quase completamente apagadas em utilizações cúmplices com a ordem estabelecida, arrancadas por uma prodigiosa exibição de inteligência e energia teóricas pela causa de uma esquerda revolucionária. Essa foi uma vitória discursiva contra todos os trunfos políticos, num período de hegemonia neoliberal em que cada marco familiar da esquerda parecia afundar sob as ondas da reação. Foi obtida, sem dúvida, porque o mapeamento cognitivo que oferecia do mundo contemporâneo captava de maneira tão inesquecível – ao mesmo tempo de forma lírica e cáustica – as estruturas imaginativas e a experiência vivida da época, assim como as fronteiras entre uma coisa e outra.

Como poderíamos situar esse feito? Duas respostas se apresentam. A primeira tem a ver com o desenvolvimento do próprio pensamento de Jameson. Aqui há um notável paradoxo. O vocabulário do pós-moderno chegou relativamente tarde para Jameson, como assinalamos acima, após sinais iniciais de reserva. Mas sua problemática lá estava desde cedo e se desdobra em trabalhos sucessivos com espantosa continuidade. Na sua primeira monografia, *Sartre – The Origins of a Style* (1961), escrita quando tinha vinte e poucos anos, já falava de "uma sociedade sem futuro visível, deslumbrada com a permanência em massa de suas próprias instituições, na qual nenhuma mudança é possível e onde a idéia de progresso está morta".[17] Dez anos depois, em *Marxism and Form*, comparando o encantado bricabraque do surrealismo com as comodidades de um capitalismo pós-industrial – "produtos absolutamente sem profundidade" cujo "conteúdo plástico é totalmente incapaz de servir como condutor de energia física" – ele perguntou "se não estamos aqui em presença de uma transformação cultural de proporções notáveis, uma ruptura histórica de tipo absolutamente inesperado".[18]

Marxism and Form terminava com a observação de que um novo tipo de modernismo, formulado por Sontag e Hassan, tinha aflorado, um modernismo que – como outro modernismo mais antigo – não mais "contava com a instintiva hostilidade de um público de classe média do qual se apresentava como negação", mas era em vez disso *popular*, talvez não em cidadezinhas do Meio-Oeste, mas no mundo dominante da moda e dos veículos de comunicação de massa". Os filmes de Warhol, os romances de Burroughs, as peças de Beckett eram desse tipo; e "nenhuma crítica pode ter força impositiva se não submeter-se ao fascínio de todas essas coisas como estilizações da realidade".[19] Tecla não dessemelhante é ferida em *The Prison-House of Language*, onde a "justificação mais profunda" do uso de modelos lingüísticos pelo formalismo e o estruturalismo está não tanto na sua validade científica quanto no caráter das sociedades contemporâneas, "que oferecem o espetáculo de um mundo de formas do qual a natureza não foi eliminada, um mundo saturado de mensagens e informação, cuja intricada rede de mercadorias pode ser vista como o protótipo mesmo de um sistema de sinais". Havia assim "uma profunda consonância entre a lingüística como método e esse pesadelo sistematizado e desintegrado que é a nossa cultura hoje".[20]

Passagens como essa soam como as afinações da orquestra que se prepara para tocar uma sinfonia. Mas, se antecipam de forma tão direta os temas da apresentação de Jameson para o pós-moderno, houve talvez um outro presságio indireto do que vinha adiante. Desde o início parece que Jameson sentiu uma espécie de petrificação do moderno num conjunto de formas estéticas que lhe chamavam a atenção para autores que as punham de lado ou as maltratavam. Os dois romancistas aos quais dedicou estudos independentes foram Jean-Paul Sartre e Wyndham Lewis. Um motivo para essa atração foi certamente o fato de que ambos eram escritores altamente políticos, em extremos opostos do espectro: a esquerda iconoclasta e a direita radical. Outro, que ele próprio assinalou, foi o "otimismo lingüístico" que partilhavam – a confiança de que tudo podia ser expresso em palavras, contanto que fossem rebeldes o bastante.[21] Mas igualmente importante e não sem ligação com esses dois motivos era a posição em que se colocavam face à principal corrente do modernismo, Lewis isolado por seu expressionismo mecanicista, Sartre pelos seus retornos aos atrativos do melodrama. Involuntariamente num caso (a negligência subseqüente de Lewis preservando, como numa cápsula do tempo, "um frescor e virulência" de estilização que havia morrido com o embalsamamento de seus grandes contemporâneos) e voluntariamente no outro (a renúncia deliberada de Sartre às formas consagradas e às "vocações passivas-receptivas" do alto modernismo),[22] tratava-se de escritores que já tinham à sua maneira se chocado contra os limites do modernismo. Houve uma época em que Jameson achou que uma nova espécie de realismo surgiria além deles. Mas o espaço para um *salto mortale* no pós-moderno já fora aberto.

Considerado do ponto de vista biográfico, o movimento de Jameson para uma teoria do pós-modernismo parece assim virtualmente inscrita desde o início na sua trajetória – como se houvesse uma estranha coerência de uma "opção original" no sentido sartriano. Mas há uma outra maneira de encarar o mesmo resultado. O texto de Jameson sobre o pós-moderno pertence a uma linha intelectual específica. Nos anos seguintes à Primeira Guerra Mundial, quando havia retrocedido a grande onda de agitação revolucionária na Europa central e o Estado soviético já se encontrava burocratizado e isolado, desenvolveu-se na Europa uma clara tradição teórica que por fim seria chamada de marxismo ocidental. Nascido da derrota política – o esmagamento das insurreições proletárias na Alemanha, Áustria, Hungria e Itália, vividas pelos seus primeiros grandes pensadores, Lukács, Korsch e Gramsci –, esse marxismo foi separado do corpo clássico do materialismo histórico por uma severa ruptura. Na ausência de uma prática revolucionária popular, a estratégia política para a derrubada do capital declinou e, assim que da Grande Depressão se passou à Segunda Guerra Mundial, a análise econômica das suas transformações também tendeu a minguar.

Em compensação, o marxismo ocidental encontrou seu centro de gravidade na filosofia, onde uma série de eminentes pensadores de segunda geração – Adorno, Horkheimer, Sartre, Lefebvre, Marcuse – construíram um notável campo de teoria crítica, não isolado das correntes circundantes de pensamento não marxista, mas tipicamente em tensão criativa com elas. Essa tradição ocupou-se profundamente de questões de método – a epistemologia de uma compreensão crítica da sociedade – sobre as quais o marxismo clássico deixou poucos indicadores. Mas seu alcance filosófico não foi apenas em termos de procedimento: tinha um foco central de interesse substantivo que constituiu o horizonte comum dessa linha. O marxismo ocidental foi acima de tudo um conjunto de investigações teóricas da cultura do capitalismo avançado. O primado da filosofia nessa tradição deu a tais investigações um molde particular: não de forma exclusiva mas decisivamente, permaneceram fiéis às preocupações estéticas. Não importando o que mais incluísse, cultura significava antes e acima de tudo o sistema das artes. Lukács, Benjamin, Adorno, Sartre, Della Volpe ditaram a regra aqui; Gramsci ou Lefebvre, com um senso de cultura mais antropológico, foram a exceção.[23]

Apesar de todos os seus aspectos comuns como tradição, o marxismo ocidental foi sob vários aspectos relativamente inconsciente de si. Em geral, seus maiores pensadores mal tomavam conhecimento uns dos outros através das fronteiras lingüísticas da Europa. A primeira obra a possibilitar uma visão geral do seu repertório só apareceria no começo dos anos 70, na América: não foi outra senão *Marxism and Form*. Aqui, como em nenhum texto anterior, a unidade e diversidade do marxismo ocidental foram expostas com elegância. Se o livro concentrava-se em Adorno, Benjamin, Bloch, Marcuse, Lukács e Sartre, deixando de lado Lefebvre e Gramsci – embora assinalados –, foi nisso fiel ao título. O veio dominante dessa linhagem era a estética. Pela primeira vez, pode-se dizer, o marxismo ocidental foi tacitamente confrontado com a sua verdade. O que o trabalho de totalização significou, porém, para o futuro dessa tradição? Muitos, como eu, consideraram que as condições que a produziram já eram passado e que outros tipos de marxismo – mais próximos dos modelos clássicos – provavelmente a substituiriam.

Essa estimativa baseava-se no renovado fermento de radicalismo na Europa ocidental do final dos anos 60 e início dos anos 70 e no visível redirecionamento das energias intelectuais para questões de economia e estratégia políticas que dominaram a agenda mais antiga do materialismo histórico. A rebelião francesa de maio de 1968 podia ser vista como uma baliza indicadora dessa mudança, dando o sinal de que o marxismo ocidental tinha sido derrubado, passando à categoria de respeitável legado. Um julgamento mais sagaz viu a revolta de maio sob uma luz um pouco diferente, não como o fim mas o clímax dessa tradição. *Raiding the Icebox*, de Peter Wollen, é a única obra cujo poder é comparável à de Jameson como roteiro da cultura no século XX. Um episódio central da sua narrativa é a história da Internacional Situacionista, última das vanguardas históricas, "cuja dissolução em 1972 pôs fim a uma época que começou em Paris com o Manifesto Futurista de 1909". Mas o situacionismo, que se inspirava em Lukács, Lefebvre e Breton, não foi apenas isso. Ao desencadear teoricamente a explosão de maio de 1968, observa Wollen, "podemos vê-lo também como a suma do marxismo ocidental".[24] Essa era uma leitura mais plausível. Mas seu desfecho foi assim mesmo bem semelhante. As lições do marxismo ocidental, como a das vanguardas clássicas, precisavam ser aprendidas e avaliadas, mas sua época tinha passado – "um período terminara".[25]

Foi esse veredito que a obra de Jameson desmentiu de forma tão perfeita. Sua teorização do pós-modernismo, começando no início dos anos 80, tem lugar entre os grandes monumentos intelectuais do marxismo ocidental. Com efeito, pode-se dizer que essa tradição alcançou aí sua culminação. Originando-se mais uma vez de uma experiência de derrota política – o sufocamento da agitação dos anos 60 – e desenvolvendo-se em contato crítico com novos estilos de pensar distantes do marxismo – estruturalista, desconstrutivista, neo-historicista – a obra de Jameson sobre o pós-moderno respondeu às mesmas coordenadas básicas que os textos clássicos do passado. Mas se nesse sentido é a continuação de uma série, é também uma recapitulação do conjunto num segundo nível. Pois aqui diferentes instrumentos e temas do repertório do marxismo ocidental misturam-se numa formidável síntese. De Lukács tirou Jameson seu compromisso com a periodização e o fascínio pela narrativa; de Bloch, um respeito pelas esperanças e sonhos escondidos num empanado mundo objetivo; de Sartre, uma excepcional fluência com as texturas da experiência imediata; de Lefebvre, a curiosidade pelo espaço urbano; de Marcuse, a investigação da pista do consumo *high-tech*; de Althusser, uma concepção positiva da ideologia como um imaginário social necessário; de Adorno, a ambição de representar a totalidade do seu objeto como sendo apenas uma "composição metafórica".[26]

Tais elementos não jazem inertes numa combinação forçada. São mobilizados numa empresa original que parece absorvê-los sem esforço. Duas características dão a essa obra sua unidade peculiar. A primeira é a própria prosa de Jameson. Ele certa feita afirmou que Adorno era "o supremo estilista de todos" os pensadores marxistas ocidentais.[27] Mas às vezes o leitor deve ficar imaginando se isso não se aplica melhor ou pelo menos de forma mais consistente a ele. Seu primeiro livro abre com estas palavras: "sempre me pareceu que um estilo moderno é algo inteligível em si mesmo, acima e além do significado restrito do livro nele escrito e além mesmo do significado preciso que cada sentença que o compõe pretende passar."[28] Estudos futuros da escrita de Jameson poderiam tomar isso como lema. Por ora, basta notar dois aspectos de um estilo de instigante esplendor. Os ritmos amplos de uma sintaxe complexa mas flexível – quase jamesiana nas suas formas de discurso – permitem a absorção de variadas fontes na própria teoria, enquanto as súbitas eclosões de intensidade metafórica, saltos e floreados estimulantes com um intenso brilho todo seu, são como emblemas dos vastos movimentos diagonais, mais próximos de uma inteligência poética que analítica, pelos quais esta obra inesperadamente conecta sinais díspares do fenômeno total visado. Estamos lidando com um grande escritor.

Ao mesmo tempo, a obra de Jameson sobre o pós-moderno unifica num sentido substantivo mais profundo as fontes em que bebe. A tradição marxista ocidental foi atraída para a estética como consolação involuntária pelos impasses políticos e econômicos. O resultado foi uma notável gama de reflexões sobre diferentes aspectos da cultura capitalista moderna. Mas esses aspectos jamais foram integrados numa teoria consistente do seu desenvolvimento econômico, permanecendo tipicamente num ângulo algo destacado e especializado em relação ao movimento mais amplo da sociedade: acusável mesmo de certo idealismo do ponto de vista de um marxismo mais clássico. A abordagem do pós-modernismo por Jameson, ao contrário, desenvolve pela primeira vez uma teoria da "lógica cultural" do capital que simultaneamente oferece um retrato das transformações dessa forma social como um todo. Trata-se de uma visão muito mais abrangente. Aí, na passagem do setorial para o geral, a vocação do marxismo ocidental alcançou sua mais completa consumação.

As condições dessa ampliação foram históricas. A opinião de que o final dos anos 60 marcou uma ruptura crítica na paisagem da esquerda não estava completamente errada. Intelectualmente, como indica o próprio título do seu ensaio e livro marco, a virada de Jameson para uma teoria do pós-moderno foi possibilitada pelo *Capitalismo avançado* de Mandel, estudo econômico que situava-se numa tradição clássica completamente distinta do marxismo ocidental. Empiricamente, a própria vida econômica ficou de todo modo tão penetrada pelos sistemas simbólicos de informação e persuasão que foi perdendo sentido a noção de uma esfera independente de produção mais ou menos cultural. Daí em diante, qualquer grande teoria da cultura estava fadada a conter mais da civilização do capital do que nunca. O objeto tradicional do marxismo ocidental foi enormemente ampliado. Assim, a retomada de sua herança por Jameson permitiria uma descrição muito mais central e política das condições da vida contemporânea do que as precedentes em que se inspirou.

Crucial para o efeito do relato de Jameson aqui é o seu senso de "época". Essa forma de ler os sinais do período deve-se muito a Lukács. Mas os principais exercícios de Lukács na análise de época, *A alma e as formas* e *Teoria do romance*, ainda são estéticos ou metafísicos. Quando passou ao político, no seu pequeno e notável estudo sobre *Lenin*, ele definiu a época iniciada com a catástrofe da Grande Guerra como um período marcado acima de tudo pela "atualidade da revolução". Quando os fatos contrariaram essa expectativa, não pôde seguir-se nenhuma outra descrição. Foi então Gramsci, o pensador marxista ocidental em que menos se inspirou Jameson, quem tentou captar a natureza da consolidação ou das contra-revoluções do capital entre as guerras. Suas observações sobre o fordismo representam, com efeito, o único verdadeiro precedente nessa tradição do empreendimento de Jameson. Não foi por acaso que deram origem a tanta discussão após a Segunda Guerra Mundial ou a várias tentativas de traçar as características de um "pós-fordismo" nos anos 70 e 80.

Mas, por mais poderosas e originais (em um período extremamente idiossincrático), as idéias de Gramsci sobre o fordismo – englobando a produção em massa, a rigorosa disciplina de trabalho e os altos níveis salariais nos Estados Unidos, o puritanismo para as camadas mais baixas e a libertinagem para as mais altas, o sectarismo religioso na América liberal e o corporativismo na Itália fascista – continuaram mesmo assim lacônicas e assistemáticas. Em certo sentido, sua noção de "época" também negou fogo. À frente de seu tempo sob muitos aspectos e atrás em alguns, essas observações revelaram-se mais sugestivas após os fatos. O relato de Jameson sobre a pós-modernidade não tem um discernimento comparável do processo de trabalho e da produção, baseado como é numa literatura econômica independente. Mas sem dúvida é imensamente mais desenvolvido e detalhado como definição de uma época e corroborado pela experiência contemporânea. Mas muito da carga crítica dessa teoria vem também da sua tensão com o próprio clima da época que retrata. Pois, como lemos na primeira frase de *Postmodernism*: "é mais seguro entender o conceito de pós-moderno como uma tentativa de pensar o presente historicamente numa época que, para início de conversa, esqueceu de pensar historicamente."[29]

Se em todos esses aspectos a obra de Jameson parece um grandioso final para o marxismo ocidental, em outro aspecto sobrepujou de maneira significativa essa tradição. Nutrida na Europa, a obra de seus maiores pensadores nunca se projetou muito além do continente como força intelectual. Lukács foi conhecido no Japão antes da guerra e, no exílio, a Escola de Frankfurt descobriu os Estados Unidos. Posteriormente, Sartre foi lido por Fanon e Althusser estudado na América Latina. Mas essencialmente esse foi um marxismo cujo raio de influência ficou limitado ao núcleo original do mundo capitalista avançado: ocidental não apenas nas suas origens e temas, mas também no seu impacto. A teoria de Jameson sobre o pós-moderno rompeu esse padrão. Suas formulações iniciais focalizaram principalmente a América do Norte. Mas quando a obra se desenvolveu, suas implicações se ampliaram: o pós-modernismo, concluiu, era – não adicional mas intrinsecamente – o éter cultural de um sistema global que rejeitava todas as divisões geográficas. Sua lógica impeliu a uma guinada maior no próprio campo de investigação de Jameson.

Até a véspera dos anos 80, a prática crítica de Jameson era exclusivamente literária e seus objetos eminentemente ocidentais. Proust, Hemingway, Balzac, Dickens, Eichendorff, Flaubert,

Conrad, tais eram as figuras no primeiro plano de sua atenção. Com a década de 80, há uma mudança acentuada. As formas visuais começam a competir com a escrita e logo passam a predominar – movimento evidente no próprio *Postmodernism*. Simultaneamente há um formidável movimento para fora, para culturas e regiões além do Ocidente. Nesse período, Jameson exerceria influência sobre os japoneses Soseki e Karatani, os chineses Lu Xun e Lao She, o senegalês Sembène, os cubanos Solas e Barnet, o filipino Kidlak Tahimik e, em Formosa, Edward Yang.[30] Em *A guinada cultural* é discutido o cinema de Paul Leduc, diretor mexicano de um filme mudo que se passa na Venezuela, e de Suleymane Cissé, do Mali. Há algum crítico contemporâneo com um alcance mesmo de longe comparável?

O sentido dessas intervenções era estimular uma "estética geopolítica" adequada à ampliação do universo cultural nas condições pós-modernas. E não era um compromisso a distância. Jameson expôs pela primeira vez as suas idéias sobre o pós-modernismo de forma abrangente numa série de conferências em Pequim em 1985, publicando na China uma coletânea sobre o assunto alguns anos antes de produzir uma na América. Seu relato sobre "Pós-modernismo e o mercado" foi testado em Seul. Devemos o importante texto sobre "Transformações da imagem" a um discurso proferido em Caracas. Esses cenários não eram casuais. Sua teoria da pós-modernidade atraiu um público crescente em países outrora incluídos no Terceiro ou no Segundo Mundo porque fala de um imaginário cultural que lhes é familiar, que faz parte da sua experiência. Um marxismo tão naturalmente à vontade nos grandes centros metropolitanos tropicais e orientais já não é estritamente ocidental. Com essa ruptura em relação ao Ocidente, a idéia do pós-moderno deu uma volta completa e retornou a sua inspiração original: como uma época em que cessaria o domínio ocidental. A visionária confiança de Olson não estava deslocada; *Os martins-pescadores* podia virtualmente ser visto como um certificado do feito de Jameson.

Mas se isso era possível, era também porque Jameson partilhava com Olson algo que o distingue da linha intelectual de que descende. Em um aspecto crucial, a obra de Jameson afasta-se da tendência geral do marxismo ocidental. Os maiores monumentos dessa tradição eram todos de uma forma ou de outra, secreta ou abertamente, afetados por um pessimismo histórico.[31] Seus temas mais originais e poderosos – a destruição da razão (Lukács), a guerra de posições (Gramsci), o anjo da catástrofe (Benjamin), o sujeito prejudicado (Adorno), a violência da miséria (Sartre), a ilusão onipresente (Althusser) – falavam não de um futuro suavizado, mas de um presente implacável. Os tons variavam, numa série comum, do estóico ao melancólico, do frio ao apocalíptico. A escrita de Jameson é de um timbre diferente. Embora seu tópico não tenha sido certamente confortável para a esquerda, o tratamento que lhe deu nunca foi amargo ou melancólico. Ao contrário, a mágica do estilo de Jameson é tornar real o que pode parecer impossível – um lúcido encantamento do mundo.

Seus temas são tão graves quanto quaisquer outros na tradição. Mas uma onda de maravilha e prazer – as chances de felicidade numa época sufocante – nunca está longe sequer do crescendo da mais sinistra reflexão. "Mover-se, instruir-se, deliciar-se." Se poucos pensadores subversivos além dele chegaram tão perto dos objetivos da arte, as razões sem dúvida são em parte contingentes. Jameson pode evocar a experiência física de forma tão memorável quanto Sartre, mas o tom da sensibilidade é em geral o oposto – mais de júbilo que de aversão. Os prazeres do intelecto e da imaginação são traduzidos de forma tão viva quanto os dos sentidos. O brilho que Jameson consegue dar a objetos, conceitos e ficções é o mesmo.[32] As fontes biográficas desse ardor são uma coisa. Suas premissas filosóficas, outra. Por trás dessa simpatia pelo mundo está o caráter profundamente hegeliano do marxismo de Jameson, notado por muitos críticos[33] e que lhe permitiu enfrentar as adversidades da época e atravessar suas confusões com uma intrépida equanimidade toda própria. Categorias como otimismo ou pessimismo não têm lugar no pensamento de Hegel. A obra de Jameson não pode ser definida como otimista no sentido em que dizemos que a tradição marxista ocidental foi pessimista. Sua política sempre foi realista. "A história é o que fere, é o que recusa o desejo e impõe limites inexoráveis ao indivíduo e à prática coletiva" – sobretudo no "fracasso definitivo de todas as revoluções que tiveram lugar na história da humanidade" até então.[34] Mas os anseios utópicos não são facilmente reprimidos e podem ser reacesos com os mais imprevisíveis pretextos. Foi isso também – a persistência subterrânea da vontade de mudar – que deu à obra de Jameson sua força de atração para além do âmbito de um desgastado Ocidente.

Notas

1. "Reflections in Conclusion" sobre Ernst Bloch et al., *Aesthetics and Politics*, Londres, 1977, p.196; republicado com o título de "Reflections on the Brecht-Lukács Debate", em *The Ideologies of Theory*, vol.1, Minneapolis, 1988, p.133.

2. *Aesthetics and Politics*, p.211-3; *The Ideologies of Theory*, vol.2, Minneapolis, 1988, p.145-7.

3. "The Ideology of the Text", *Salmagundi*, nº31-32, outono-inverno de 1975-76, p.204-5; ed. revista, *The Ideologies of Theory*, vol.1, p.17-8.

4. "The Ideology of the Text", *Salmagundi*, nº31-32, p.234, 242.

5. *The Ideologies of Theory*, vol.1, p.66. Escrito no final dos anos 80.

6. *Marxism and Form*, Princeton, 1971, p.xvii-xviii.

7. Para o reconhecimento dessas fontes por Jameson, ver "Marxism and Postmodernism", em *The Cultural Turn – Selected Writings on the Postmodern, 1983-1998*, Londres-Nova York, 1998, p.34-5. Baudrillard é um caso especial para qualquer genealogia do pós-moderno. Pois embora suas idéias tenham certamente contribuído para a cristalização do pós-moderno e seu estilo possa ser visto como paradigma da forma pós-moderna, ele mesmo jamais teorizou sobre o pós-modernismo e seu único pronunciamento mais extenso a respeito é um virulento repúdio: ver "The Anorexic Ruins", em D. Kamper e C. Wulf (orgs.), *Looking Back at the End of the World*, Nova York, 1989, p.41-2. Trata-se de um pensador cujo temperamento, por bem ou por mal, é incapaz de concordar com qualquer noção que goze de aceitação coletiva.

8. *The Political Unconscious*, Ithaca, 1981, p.19-20.

9. Para Lyotard, não apenas era a "narrativa a quintessência do conhecimento comum" antes do surgimento da ciência moderna, como "a pequena narrativa continua sendo a quintessência da invenção imaginativa, sobretudo na ciência": *La Condition postmoderne*, p.38 e 98; *The Postmodern Condition*, p.19 e 60; enquanto Jameson via o "contar histórias como a função suprema da mente humana": *The Political Unconscious*, p.123.

10. Prefácio a *The Postmodern Condition*, p.xii-xv.

11. *Postmodernism, or, the Cultural Logic of Late Capitalism*, Durham, 1991, p.xiv.

12. *Postmodernism*, p.317.

13. "Art and Objecthood", *Artforum*, junho de 1967; republicado em G. Battcock (org.), *Minimal Art*, Berkeley e Los Angeles, 1995, p.141.

14. *Postmodernism*, p.20.

15. *Postmodernism*, p.62.

16. *Fables of Aggression – Wyndham Lewis, the Modernist as Fascist*, Berkeley e Los Angeles, 1979, p.56.

17. *Sartre – The Origins of a Style*, Nova York, 1984 (2ª ed.), p.8.

18. *Marxism and Form*, p.105.

19. *Marxism and Form*, p.413-4.

20. *The Prison-House of Language*, Princeton, 1972, p.xviii-xix.

21. *Sartre*, p.204; *Fables of Aggression*, p.86.

22. *Fables of Aggression*, p.3; *Sartre*, p.219.

23. Discuto o cenário e o caráter dessa tradição em *Consideration on Western Marxism*, Londres, 1976. Sobre o último aspecto, ver p.75-8.

24. *Raiding the IceBox. Reflections on Twentieth Century Culture*, Londres, 1993, p.124.

25. Ibid.

26. Ver *Marxism and Form*, p.7.

27. *Marxism and Form*, p.xiii.

28. *Sartre*, p.vi.

29. *Postmodernism*, p.ix.

30. Ver, respectivamente, "Soseki and Western Modernism", *boundary 2*, outono de 1991, p.123-41; "In the Mirror of Alternate Modernities", *South Atlantic Quarterly*, primavera de 1993, p.295-310; "Third World Literature in the Era of Multinational Capitalism", *Social Text*, outono de 1986, p.65-88; "Literary Innovation and Modes of Production", *Modern Chinese Literature*, setembro de 1984, p.67-72; "On Literary and Cultural Import-Substitution in the Third World: the Case of the Testimonio", *Margins*, primavera de 1991, p.11-34; *The Geopolitical Aesthetic*, Londres, 1992, p.114-57, 186-213.

31. Sobre esse aspecto, ver *Considerations on Western Marxism*, p.88-92.

32. Talvez o melhor exemplo seja o seu ensaio sobre a *Paixão* de Godard em *The Geopolitical Aesthetic*, Londres, 1992, p.158-85. O contraste com o tratamento de Adorno para o mundo do objeto, mesmo no seu nível mais eloqüente, é marcante. Compare-se, sobre tópico bem semelhante, a passagem em *Minima moralia* (p.40), ela mesma de grande beleza, sobre a janela de batente ou trinco dócil e a batida da porta de um carro ou geladeira com o devaneio de Jameson sobre as levitações da garagem na Califórnia em *Signatures of the Visible*, p.107-8.

33. Ver, especialmente, Michael Sprinkler, "The Place of Theory", *New Left Review*, nº187, maio-junho de 1991, p.139-42.

34. *The Political Unconscious*, p.102.

4
Efeitos posteriores

A compreensão de Jameson do pós-moderno estabeleceu os termos do debate subseqüente. Não é surpresa que as intervenções mais significativas desde a entrada dele em campo tenham sido igualmente marxistas de origem. As três contribuições mais importantes podem ser vistas como tentativas de suplementar ou corrigir, cada uma à sua maneira, o relato original de Jameson. *Against Postmodernism* (1989), de Alex Callinicos, faz uma análise mais detalhada do *background* político do pós-moderno. *Condition of Postmodernity* (1990), de David Harvey, oferece uma teoria bem mais completa de suas pressuposições econômicas. *As ilusões do pós-modernismo* (1996), de Terry Eagleton, aborda o impacto de sua difusão ideológica. Todas essas obras colocam problemas de demarcação. Qual é o período mais correto do pós-moderno? A que configuração intelectual corresponde? Qual a reação adequada a ele?

Tempo

A questão central aqui é a primeira – a do tempo. A primeira crítica de esquerda a Jameson apontou um aspecto frouxo na sua formulação.[1] Se o pós-modernismo era a lógica cultural do capitalismo avançado, não coincidiriam praticamente os dois no tempo? Mas *Capitalismo avançado*, de Mandel, no qual Jameson baseou sua concepção de um novo estágio do desenvolvimento capitalista, datava sua chegada geral de 1945, enquanto o próprio Jameson situou a emergência do pós-moderno no início dos anos 70. Mesmo que se possa argumentar que a realização integral do modelo de Mandel não se deu da noite para o dia, essa defasagem era embaraçosa. Callinicos e Harvey, escrevendo praticamente à mesma época, chegaram a conclusões opostas. Harvey, cuja obra anterior, *The Limits of Capital*, traçara a mais sistemática e original teoria marxista das crises econômicas, afirmou que o advento da pós-modernidade, corretamente situado no começo dos anos 70, refletiu de fato uma ruptura contemporânea com o modelo de desenvolvimento capitalista do pós-guerra. Com a recessão de 1973, o fordismo – minado pela crescente competição internacional, lucros corporativos em baixa e inflação acelerada – mergulhara numa crise de superacumulação adiada por muito tempo.

Em resposta surgiu um novo regime de "acumulação flexível", à medida que o capital aumentava sua margem de manobra. O novo período encontrava maior flexibilidade nos mercados de trabalho (contratos temporários, mão-de-obra doméstica e imigrante), processos de fabricação (mudança de fábricas para outros países, produção a toque de caixa), produção de mercadorias (lotes em consignação) e acima de tudo nas operações financeiras desregulamentadas, ou seja, no mercado de dinheiro e crédito. Esse sistema especulativo e inquieto foi a base das várias formas de cultura pós-moderna, de cuja realidade e novidade não se podia duvidar – uma sensibilidade intimamente ligada à desmaterialização do dinheiro, à característica efêmera da moda, ao excesso de simulação nas novas economias. Nada disso equivalia a qualquer mudança fundamental no modo de produção enquanto tal – quanto mais a uma solução de longo prazo para as pressões da superacumulação, que ainda não haviam sofrido a necessária depuração de uma maciça desvalorização do capital. Nem podia com efeito a própria acumulação flexível ser descrita como universalmente dominante; mais caracteristicamente, ela coexistia de modo misto com formas fordistas mais antigas e mesmo as oscilações entre elas não eram em absoluto sempre irreversíveis.[2] O que mudou de modo crítico, porém, foram a posição e a autonomia dos mercados financeiros dentro do capitalismo, passando por cima dos governos nacionais, o que significava uma instabilidade sistêmica sem precedentes.

Callinicos, por outro lado, inverteu essa linha de argumentação. Se era verdade que o capital global estava agora mais integrado que nunca e possuía uma nova mobilidade, de forma alguma isso acompanhava uma "ruptura" na história do capitalismo. Pois os Estados nacionais preservavam substancial poder de regulamentação, como mostrou o irônico sucesso do keynesianismo militar de Reagan em reaquecer a economia mundial na década de 80. Quanto aos outros aspectos da "acumulação flexível", eram em geral um exagero ou um mito: a força de trabalho estava menos segmentada, a produção em lotes menos difundida e o setor de serviços era menos significativo do que sugeriam as teorias pós-fordistas – exatamente como o próprio fordismo era uma noção que cresceu em demasia, projetando um predomínio homogêneo da produção em massa padronizada que nunca existiu, exceto num número limitado de indústrias de bens de consumo duráveis. Similarmente, o pós-modernismo como conjunto distinto de práticas artísticas – quanto mais como cultura dominante – era em grande parte uma ficção. Virtualmente todo recurso ou aspecto estético atribuído ao pós-modernismo – a bricolagem da tradição, o jogo com o popular, a reflexividade, o hibridismo, o pastiche, o figurativismo, o descentramento do sujeito – podia ser encontrado no modernismo. Nenhuma ruptura crítica era igualmente discernível aqui.

O que se podia observar era algo diferente, a saber, uma degradação paulatina do próprio modernismo à medida que se tornava mais acomodado e integrado aos circuitos capitalistas do pós-guerra. As fontes desse declínio, no entanto, deviam remontar, no primeiro caso, não tanto a mudanças econômicas mais amplas ou a qualquer lógica estética imanente, porém mais diretamente à história política da época. Historicamente, o modernismo alcançara seu apogeu com o punhado de vanguardas revolucionárias do período entre-guerras – o construtivismo na Rússia, o expressionismo e a *neue Sachlichkeit* [nova objetividade – N.T.] na Alemanha, o surrealismo na França. Foram as vitórias de Stálin e Hitler que puseram fim a esses movimentos. Analogamente, o pós-modernismo – esteticamente pouco mais que um capricho menor na espiral descendente do modernismo, embora ideologicamente de significação muito maior – podia ser visto como produto da derrota política da geração radical do final dos anos 60. Frustradas as esperanças revolucionárias, essa coorte achou compensação num cínico hedonismo que encontrou um pródigo escoadouro na superexplosão de consumo da década de 80. "Essa conjuntura – a prosperidade da nova classe média ocidental combinada com a desilusão política de muitos dos seus integrantes mais articulados – fornece o contexto para a proliferação do discurso pós-moderno."[3]

Esses diagnósticos contrastantes, alcançados desde pontos de partida comuns, colocam de forma aguda o problema de situar o pós-moderno com alguma precisão. Num estudo das origens do modernismo na *belle époque* européia, sugeri que ele era melhor entendido como conseqüência de um campo de força triangulado por três coordenadas: uma economia e uma sociedade apenas semi-industriais ainda, nas quais a ordem dominante continuava em larga medida agrária ou aristocrática; uma tecnologia de grandes invenções cujo impacto era ainda recente ou incipiente; e um horizonte político aberto no qual levantes revolucionários de um ou de outro tipo contra a ordem dominante eram amplamente esperados ou temidos.[4] No espaço assim limitado, uma grande variedade de inovações artísticas pôde eclodir – o simbolismo, o imagismo, o expressionismo, o cubismo, o futurismo, o construtivismo: uma laboriosa memória clássica ou estilos nobres, outros voltados para uma poética das novas máquinas, outros ainda inflamados por visões de levante social, mas nenhum em paz com o mercado como princípio organizador de uma cultura moderna – nesse sentido, praticamente sem exceção antiburguesa.

A Primeira Guerra Mundial, destruindo os *anciens régimes* na Rússia, na Áustria-Hungria e na Alemanha e enfraquecendo os proprietários fundiários por toda a parte, modificou mas não pôs fim a esse cenário. As classes altas européias e seu estilo de vida continuaram basicamente como antes; formas avançadas de organização industrial e consumo de massa – a idéia de Gramsci sobre o fordismo – continuaram em grande parte confinadas aos EUA; a revolução e a contra-revolução batalhavam do Vístula ao Ebro. Nessas condições, movimentos e formas de vanguarda de grande vigor continuaram a surgir – o Opojaz na Rússia, a Bauhaus na Alemanha, o surrealismo na França. A ruptura veio com a Segunda Guerra Mundial, cujas conseqüências esmagaram as velhas elites agrárias e seu estilo de vida na maior parte do continente, instituíram a democracia capitalista estável e padronizaram os bens de consumo duráveis no Ocidente e estriparam os ideais da revolução no Leste. Com todas as forças que o incitaram liquidadas, o ímpeto modernista cedeu. Tinha vivido do assíncrono – o que no presente era passado ou futuro – e morreu com a chegada do puramente contemporâneo: o estável e monótono Estado da ordem atlântica do pós-guerra. Daí em diante, a arte que ainda fosse radical estava normalmente fadada à integração comercial ou à cooptação institucional.

Muito se poderia dizer hoje desse rápido esboço, por meio da ampliação ou da crítica. Ele pede uma maior matização geográfica. O que determinou o gradiente de entusiasmo tecnológico nas formas iniciais do modernismo? Por que a Grã-Bretanha foi ao que parece tão desprovida de movimentos inovadores – ou foi realmente? Pode o surrealismo ser encarado simplesmente como a última de uma série de importantes vanguardas do período entre-guerras ou também representava algo novo? Respostas a perguntas como essas teriam que examinar mais minuciosamente as especificidades nacionais das diferentes culturas da época. Esquematicamente, por exemplo, podia-se visualizar um espectro de atitudes ideais face às novas maravilhas mecânicas do começo do século XX, variando na medida inversa à extensão de sua implantação: as duas potências européias mais atrasadas industrialmente, a Itália e a Rússia, gerando as vanguardas mais fervorosamente tecnicistas com seus respectivos futurismos, enquanto a Alemanha, combinando a indústria avançada da parte ocidental com a paisagem retrógrada do leste, dividia-se entre o ódio expressionista e o encantamento da Bauhaus por Metrópolis; a França, por outro lado, com seu modelo de pequena produção modestamente próspera na cidade e no campo, possibilitava uma síntese mais espirituosa no surrealismo, arrebatadora precisamente pelo entrelaçamento do novo e do velho. Quanto à Grã-Bretanha, o fracasso de seus oscilantes impulsos modernistas em vingar estava certamente relacionado à ausência de uma corrente rebelde importante no movimento trabalhista. Mas se devia também sem dúvida à industrialização mais antiga e ao gradual desenvolvimento de uma economia esmagadoramente urbana mas já amarrada à tradição, cuja lentidão atuava como um amortecedor do choque de uma nova era da máquina que eletrizava as vanguardas em outros países.

Mas os limites mais importantes do balanço reproduzido acima devem ser encontrados no fim e não no começo da história. O ponto de ruptura proposto para o modernismo a partir de 1945 era certamente muito abrupto. O legado das vanguardas de antes da guerra não podia se extinguir da noite para o dia, uma vez que ainda permanecia necessariamente como modelo interno e memória, não importa quão desfavoráveis fossem as circunstâncias externas para reproduzi-lo. Na América, o expressionismo abstrato era uma pungente ilustração da nova situação. Formalmente um gesto modernista exemplar e até então a ruptura coletiva mais radical com o figurativismo, a escola de Nova York ia do nada à apoteose com a velocidade – falando comparativamente – de um raio, marcando algo bastante novo na história da pintura. Essa vanguarda virou uma ortodoxia ainda em seu curto período de vida, capitalizada como investimento simbólico pelo grande capital e promulgada como valor ideológico pelo Estado. Mas o trombetear dessa arte durante a guerra fria pela USIA teve uma peculiar ironia. Conexões com o surrealismo eram vitais no expressionismo abstrato e a política dos seus maiores pintores dificilmente poderia estar mais longe de sua utilização como cartaz moral do Mundo Livre: Rothko era anarquista, Motherwell socialista e Pollock – na opinião privada de Greenberg, seu maior defensor público – nada mais que um "maldito stalinista da cabeça aos pés".[5]

Na Europa, onde a lógica da anexação no mercado de arte do pós-guerra era menos esmagadora e importantes forças de resistência ao sistema de guerra fria persistiam na parte ocidental, eram muito mais fortes as correntes que davam continuidade aos objetivos insurgentes das vanguardas da entre-guerra. O surrealismo podia ainda engatilhar sucessivos projetos concebidos mais ou menos à sua imagem, como mostra Wollen na sua detalhada reconstrução do movimento desde a COBRA e o *lettrisme* até a Internacional Situacionista.[6] Aqui, a ambição heróica da vanguarda histórica – a transfiguração da arte e também da política – ganhou vida mais uma vez. Mas mesmo antes do clímax de 1968 a união afrouxou. As alas artísticas do situacionismo eram essencialmente um produto da periferia: Dinamarca, Holanda, Bélgica, Piemonte, onde o sistema de galerias era fraco. A cabeça política centrava-se na França, onde a militância revolucionária e o mercado de arte eram muito mais fortes, criando dentro da Internacional uma área de suspeita pela qual os artistas pagaram o preço com a expulsão ou saída, em troca condenando a organização aos acasos e transitoriedade de toda superpolitização. Outra grande aventura desses anos durou mais. De certo modo com uma trajetória estranhamente paralela, o cinema de Godard tomou formas bem mais radicais – de elipse narrativa, torção entre som e imagem, título didático – no mesmo período, produzindo uma série de quase obras-primas antes de culminar num convulsivo e insustentável convite à ascese revolucionária no rastro de 1968. Mais tarde, a retirada de Godard para a Suíça pode ser comparada aos refúgios de Jorn na Ligúria e na Dinamarca: um tipo diferente de produtividade, mais uma vez marginal.

O quarto de século após o fim das hostilidades parece assim, visto em retrospectiva, um interregno no qual as energias modernistas não foram sujeitas à súbita anulação mas ainda brilhavam de forma intermitente aqui e ali, onde as condições permitissem, em um clima geral inóspito. Só na virada dos anos 70 o terreno estava preparado para uma configuração totalmente nova. Se quisermos demarcar de modo mais preciso o surgimento do pós-modernismo, uma maneira de fazê-lo é verificar o que substituiu os principais determinantes do modernismo. A obra de Jameson, de fato, contém indicadores da maioria das mudanças relevantes, que com ligeiros reajustes permitem o enfoque mais preciso requerido. O pós-modernismo pode ser visto como um campo cultural triangulado, por sua vez, em três novas coordenadas históricas. A primeira delas está no destino da própria ordem dominante. No final da Segunda Guerra Mundial o poder da tradição aristocrática recebeu o tiro de misericórdia em toda a Europa continental. Mas para mais uma geração seu tradicional alter-ego – rival e parceiro – persistiu. Podemos ainda falar da burguesia como classe no sentido em que Max Weber dizia com orgulho pertencer a ela. Isto é, uma força social com seu próprio senso de identidade coletiva, códigos morais e *habitus* cultural característicos. Se quiséssemos um recorte visual desse mundo, seria uma cena em que os homens ainda usassem chapéu. Os Estados Unidos tiveram a sua versão na velha moeda do *establishment* do leste.

Schumpeter sempre argumentou que o capitalismo, como sistema econômico intrinsecamente amoral guiado pela busca do lucro, que dissolve todas as barreiras aos cálculos do mercado, dependia de forma crítica de valores e maneiras pré-capitalistas – em essência nobiliários – para se manter na linha como ordem social e política. Mas essa "cinta", como definiu, era tipicamente reforçada por uma estrutura secundária de suporte nos meios burgueses confiantes na dignidade moral de sua vocação, subjetivamente mais próximos dos retratos traçados por Mann do que por Flaubert. Na época do Plano Marshall e da gênese da Comunidade Européia, esse mundo persistia. No reino político, figuras de proa como Adenauer, De Gasperi e Monnet encarnavam essa persistência – seu relacionamento político com Churchill ou De Gaulle, próceres de um passado senhorial, constituindo uma espécie de pós-imagem de um pacto original que socialmente não era mais válido. Mas acabou se revelando que os dois suportes da velha estrutura eram mais interdependentes do que antes pareceram.

Pois dentro de mais vinte anos também a burguesia – em sentido estrito, como classe dotada de autoconsciência e moral – estava quase extinta. Aqui e ali, bolsões de um cenário burguês tradicional ainda podem ser encontrados em cidades de província na Europa e talvez em certas regiões da América do Norte tipicamente preservadas pela fé religiosa: redes familiares no Vêneto ou em terras bascas, notáveis conservadores no Bordelais, certos setores de *Mittelstand* [classe média – N.T.] na Alemanha e assim por diante. Mas, em geral, a burguesia tal como Baudelaire ou Marx, Ibsen ou Rimbaud, Grosz ou Brecht – ou mesmo Sartre ou O'Hara – conheceram, é coisa do passado. No lugar desse sólido anfiteatro há um aquário de formas flutuantes, evanescentes – os projetistas e gerentes, auditores e zeladores, administradores e especuladores do capital contemporâneo: funções de um universo monetário que não conhece rigidez social ou identidades fixas.

Não que a mobilidade entre gerações tenha aumentado muito, se é que aumentou, nas sociedades mais ricas do mundo de pós-guerra. Estas continuam tão estratificadas objetivamente como antes. Mas os balizamentos culturais e psicológicos se desgastaram muito mais entre os que desfrutam de riqueza ou poder. Agnelli ou Wallenberg lembram agora um passado remoto, numa época cujas máscaras típicas são Milken ou Gates. A partir dos anos 70, a liderança dos principais Estados também entrou na muda – Nixon, Tanaka, Craxi eram alguns dos novos emplumados. De modo mais geral, na esfera pública a democratização dos hábitos e a desinibição dos costumes avançaram de mãos dadas. Fazia tempo que os sociólogos debatiam o aburguesamento da classe operária no Ocidente – termo não muito feliz para o processo em questão. Nos anos 90, entretanto, o fenômeno mais notável é uma degradação das classes dominantes, por assim dizer – princesas *starlets* e presidentes sem consistência, camas de aluguel nas residências oficiais e anúncios de serviço para assassinos, a "disneyzação" dos protocolos e a confusão das práticas, os sôfregos cortejos pelos subterrâneos noturnos ou pela guarda oficial. Em cenas como essas está muito do pano de fundo social do pós-moderno.

Pois o que essa paisagem significa é que duas condições do modernismo desapareceram por completo. Não há mais qualquer vestígio de um *establishment* acadêmico com o qual uma arte avançada pudesse competir. Historicamente, as convenções da arte acadêmica sempre estiveram muito presas não só às auto-representações das classes nobres ou superiores, mas também à sensibilidade e pretensões das classes médias abaixo delas. Com a morte do mundo burguês, ficou faltando o contraste estético. O título e o palco do espetáculo malcriado mais deliberadamente chocante no Reino Unido dizem tudo: *Sensação*, aos cuidados da Royal Academy. De forma similar, o modernismo drenou violentas energias de revolta contra a moralidade oficial da época – padrões de repressão e hipocrisia notoriamente estigmatizados, com razão, como especificamente burgueses. O alijamento de qualquer pretensão real de sustentar esses padrões, amplamente visível a partir dos anos 80, só podia afetar a situação da arte de contestação: uma vez liquidada a moralidade burguesa no sentido tradicional, foi como se desligassem de repente um amplificador. Desde os primórdios, a partir de Baudelaire ou Flaubert, o modernismo virtualmente se definiu como "antiburguês". O pós-modernismo é o que ocorre quando, sem qualquer vitória, esse adversário desaparece.

Uma segunda condição pode se relacionar à evolução da tecnologia. O modernismo ganhou poder sob estímulo do grande conjunto de invenções que transformaram a vida urbana nos primeiros anos do século – o paquete, o rádio, o cinema, o arranha-céu, o automóvel, o avião – e da concepção abstrata da dinâmica indústria por trás delas. Essas coisas forneceram as imagens e cenários de boa parte da arte mais original do período e deu a toda ela um senso abrangente de rápida mudança. O período entre-guerras sofisticou e estendeu as tecnologias-chave da decolagem modernista com a chegada do hidroavião, do carro conversível, do som e das cores no cinema, do giroplano, mas não acrescentou nada muito significativo à lista. O glamour e a velocidade tornaram-se, ainda mais que antes, as notas dominantes no registro da percepção. Foi a experiência da Segunda Guerra Mundial que mudou abruptamente toda essa *Gestalt*. O progresso científico assumia então pela primeira vez, de forma inequívoca, formas ameaçadoras, à medida que o constante aperfeiçoamento técnico produzia instrumentos cada vez mais poderosos de destruição e morte, culminando com explosões nucleares de intimidação. Era a chegada de um outro tipo de máquina de ação infinitamente mais vasta, muito além do alcance da experiência cotidiana, mas que lançava sobre ela uma sombra maligna.

Após esses vislumbres do apocalipse, o progresso do pós-guerra mudou a fisionomia do mundo mecânico de forma mais próxima e radical. A indústria bélica, sobretudo mas não apenas na América, convertera a inovação tecnológica num princípio permanente de produção industrial, mobilizando orçamentos de pesquisa e equipes de *designers* para a competição militar. Com a reconstrução do período de paz e o duradouro crescimento do pós-guerra, a produção em massa de bens padronizados integrou a mesma dinâmica. O resultado foi uma versão industrial da parábola de Weber para o espírito: à medida que o fluxo do novo virava na sua própria continuidade uma corrente de repetições, o carisma da técnica transformava-se em rotina e perdia seus poderes magnéticos para a arte. Em parte também essa banalização refletia a ausência, em meio a uma pletora incessante de aperfeiçoamentos, de um conjunto decisivo de invenções comparáveis àquelas da época anterior à Primeira Guerra Mundial. Durante todo um período a excitação do moderno tacitamente minguou, sem muita alteração do seu campo visual original.

A invenção que mudou tudo foi a televisão. Foi o primeiro avanço tecnológico de importância histórica mundial no pós-guerra. Com a TV dava-se um salto qualitativo no poder das comunicações de massa. O rádio já se revelara, nos anos de guerra e no período entre guerras, um instrumento muito mais poderoso de conquista social do que a imprensa: não apenas por suas exigências menores de qualificação educacional ou recepção mais imediata, mas acima de tudo por seu alcance temporal. A radiodifusão 24 horas criou ouvintes potencialmente permanentes – públicos cujos horários de vigília e de escuta podiam ser virtualmente o mesmo. Esse efeito só era possível, claro, pelo desligamento entre olho e ouvido, o que significava que muitas atividades – comer, trabalhar, viajar, descansar – podiam ser executadas com o rádio ao fundo. A capacidade da televisão de exigir a atenção do seu público é incomensuravelmente maior, porque não se trata meramente de audiência: o olho é atingido antes de se aprumar o ouvido. O que o novo veículo trouxe foi uma combinação de poder sequer sonhada: a contínua disponibilidade do rádio com um equivalente ao monopólio perceptivo da palavra impressa, que exclui outras formas de atenção do leitor. A saturação do imaginário é de outra ordem.

Comercializada a partir dos anos 50, a televisão só adquiriu importância maior nos anos 60. Mas enquanto a imagem era só em preto e branco, o veículo manteve uma marca de inferioridade apesar de suas outras vantagens, como se fosse ainda uma enteada atrasada do cinema. O verdadeiro momento da sua ascendência só veio com a chegada da televisão em cores, que se generalizou no Ocidente no início dos anos 70, desencadeando uma crise na indústria cinematográfica, que ainda sofre os efeitos nas bilheterias. Se há um isolado divisor de águas tecnológico do pós-moderno, ei-lo. Se compararmos o cenário que criou àquele do início do século, a diferença pode ser captada de forma bem simples. Outrora, em júbilo ou alarmado, o modernismo era tomado por imagens de máquinas; agora, o pós-modernismo é dominado por máquinas de imagens. Em si mesmos, o aparelho de televisão e o terminal de computador com que eventualmente se fundirá são objetos peculiarmente vazios – zonas nulas dos interiores domésticos ou burocráticos que não apenas são incapazes como "condutores de energia psíquica" como tendem a neutralizá-la. Jameson constatou isso com uma força que lhe é característica: "essas novas máquinas podem se distinguir dos velhos ícones futuristas de duas formas interligadas: todas são fontes de reprodução e não de 'produção' e já não são sólidos esculturais no espaço. O gabinete de um computador dificilmente incorpora ou manifesta suas energias específicas da mesma maneira que a forma de uma asa ou de uma chaminé."[7]

Por outro lado, embora tenham imagens resistentes, as máquinas despejam uma torrente de imagens com cujo volume nenhuma arte pode competir. O ambiente técnico decisivo do pós-moderno é constituído por essas "cataratas de tagarelice visual".[8] Desde os anos 70, a disseminação de instrumentos e posicionamentos de segunda ordem em boa parte da prática estética só é compreensível em termos dessa realidade primordial. Mas esta, claro, não é simplesmente uma onda de imagens, mas também – e acima de tudo – de mensagens. Marinetti ou Tatlin puderam criar uma ideologia a partir do mecânico, mas a maioria das máquinas dizia pouco por si mesma. Os novos aparelhos, ao contrário, são máquinas de perpétua emoção, transmitindo discursos que são ideologia emparedada, no sentido forte do termo. A atmosfera intelectual do pós-modernismo, de doutrina mais do que arte, tira muito do seu ímpeto da pressão dessa esfera. Porque o pós-moderno é também isto: um índice de mudança crítica na relação entre tecnologia avançada e o imaginário popular.

Uma terceira coordenada da nova situação está, claro, nas mudanças políticas da época. O início da guerra fria, depois de 1947, congelou as fronteiras estratégicas e esfriou todas as esperanças insurrecionais na Europa. Na América, o movimento operário foi neutralizado e a esquerda, caçada. A estabilização do pós-guerra foi seguida pelo período de mais rápido crescimento internacional na história do capitalismo. A ordem atlântica dos anos 50, proclamando o fim da ideologia, parecia relegar a um passado remoto o mundo político dos anos 20 e 30. O vento da revolução, no qual haviam outrora prosperado as vanguardas, tinha cessado. Tipicamente, foi nesse período, quando a maioria das grandes experiências parecia terminada, que a noção de "modernismo" tornou-se corrente como termo de uso amplo para demarcar um cânone de obras clássicas ao qual a crítica contemporânea retornava.

No entanto, a aparência externa de um completo fechamento dos horizontes políticos no Ocidente foi ainda, por todo um período, enganosa. Na Europa continental, os partidos comunistas de massa francês e italiano – e seus equivalentes clandestinos na Espanha, Portugal e Grécia – continuaram irreconciliados com a ordem vigente, não importando quão moderadas as suas táticas, sua própria existência funcionando como "um instrumento mnemônico, por assim dizer, guardando lugar nas páginas da história" para o ressurgimento de aspirações mais radicais.[9] Na URSS, a morte de Stálin desencadeou processos de reforma que pareceram levar na época de Krushchev a um modelo soviético menos repressivo e mais internacionalista, um modelo comprometido em ajudar e não em frustrar as insurreições em outros países. No Terceiro Mundo, a descolonização abalava importantes fortalezas do domínio imperialista, numa série de levantes revolucionários – Indochina, Egito, Argélia, Cuba, Angola – que levaram a independência a áreas muito mais vastas. Na China, a burocracia estabelecida tornou-se alvo de um movimento orquestrado por Mao com inspiração nos ideais da Comuna de Paris.

Tal era o cenário, com sua mistura de realidades e ilusões, para a súbita combustão de energias revolucionárias explosivas entre os jovens instruídos dos países capitalistas avançados – não apenas na França, Alemanha ou Itália, mas também nos Estados Unidos e no Japão – na década de 60. A onda de revolta estudantil foi rapidamente seguida, embora de modo mais seletivo, pela agitação operária – mais notadamente a greve geral de maio-junho de 1968 na França, o Outono Quente italiano de 1969 e sua atrasada seqüência, as greves dos mineiros britânicos em 1973-74. Nessa grande turbulência, ecos do passado europeu (Fourier, Blanqui, Luxemburgo, para não falar do próprio Marx), o presente do Terceiro Mundo (Guevara, Ho Chi Minh, Cabral) e o futuro comunista (a "revolução cultural" visualizada por Lênin ou Mao) cruzaram-se para criar um fermento político que não se via desde os anos 20. Também então, esteios vitais da ordem moral tradicional que regulavam as relações entre as gerações e os sexos começaram a ceder. Ninguém reconstituiu melhor a parábola dessa época do que Jameson, no seu ensaio "Periodizing the Sixties".[10] Naturalmente, a década viu arderem de novo chamas vivas da vanguarda.

Mas essa conjuntura acabaria se revelando um climatério. Mais alguns anos e todos os sinais se inverteram, à medida que os sonhos políticos da década de 60 foram se extinguindo um por um. A revolta de maio na França foi praticamente absorvida, sem deixar vestígios, na calmaria política dos anos 70. A Primavera de Praga – a mais audaciosa de todas as experiências de reforma comunistas – foi esmagada pelos exércitos do Pacto de Varsóvia. Na América Latina, as guerrilhas inspiradas na revolução cubana ou guiadas por Cuba foram liquidadas. Na China, a Revolução Cultural semeou o terror em vez da libertação. Na União Soviética, começou o longo declínio da era Brejnev. No Ocidente, persistia aqui e ali a agitação operária, mas na segunda metade da década a onda de militância refluiu. Callinicos e Eagleton têm razão em destacar fontes imediatas do pós-modernismo na experiência da derrota. Mas esses reveses foram apenas um preâmbulo para pressões ainda mais decisivas adiante.

Na década de 80, uma direita vitoriosa passou à ofensiva. No mundo anglo-saxônico, os regimes Reagan e Thatcher, depois de anularem o movimento operário, fizeram recuar a regulamentação e a redistribuição. Espalhando-se da Grã-Bretanha para o resto da Europa, a privatização do setor público, os cortes nos gastos sociais e altos níveis de desemprego criaram um novo padrão de desenvolvimento neoliberal, por fim adotado tanto por partidos de esquerda quanto de direita. No final da década, a missão social-democrata de pós-guerra na Europa Ocidental – o bem-estar social baseado no pleno emprego e no abastecimento geral – tinha sido abandonada pela Internacional Socialista. Na Europa Oriental e na União Soviética, o comunismo – incapaz de competir economicamente no exterior ou de se democratizar em casa – foi completamente destroçado. No Terceiro Mundo, Estados nascidos dos movimentos de libertação nacional foram pegos por toda a parte na armadilha das novas formas de subordinação internacional, incapazes de escapar às pressões dos mercados financeiros mundiais e de suas instituições supervisoras.

O triunfo universal do capital significa mais do que simplesmente uma derrota para todas aquelas forças outrora dispostas contra ele, embora seja isso também. Seu sentido mais profundo está no cancelamento das alternativas políticas. A modernidade chega ao fim, como observa Jameson, ao perder todo contrário. A possibilidade de outras ordens sociais era um horizonte essencial do modernismo. Uma vez desaparecido esse horizonte, surge em seu lugar algo como o pós-modernismo. Este é o momento não declarado da verdade, na interpretação original de Lyotard. Como, então, pode ser resumida a conjuntura pós-moderna? Uma comparação capsular com o modernismo poderia ser a seguinte: o pós-modernismo surgiu da combinação de uma ordem dominante desclassificada, uma tecnologia mediatizada e uma política sem nuances. Mas, é claro, essas coordenadas eram apenas dimensões de uma mudança mais ampla que sobreveio com os anos 70.

O capitalismo como um todo entrou numa nova fase histórica, com o fim súbito do *boom* iniciado no pós-guerra. A causa subjacente do longo declínio, com seus índices de crescimento muito menores e a desigualdade maior, foi a intensificação da competição internacional, que forçou inexoravelmente a redução das margens de lucro e portanto do investimento, numa economia global não mais divisível em espaços nacionais relativamente protegidos. Esse foi o duro significado do advento do capitalismo multinacional assinalado por Jameson. A reação do sistema à crise produziu o quadro dos anos 80: a derrota do movimento operário em áreas centrais, a transferência de unidades fabris para países periféricos de baixos salários, o deslocamento dos investimentos para os setores de serviços e comunicações, a ampliação dos gastos militares e o aumento vertiginoso do peso relativo da especulação financeira às custas da produção. Junto com esses ingredientes da recuperação da era Reagan vieram todos os elementos deteriorados da pós-modernidade: exibição desenfreada de *nouveau-richisme*, política com ponto eletrônico, consenso desgastado. Foi a euforia dessa conjuntura que gerou, com um meticuloso senso de oportunidade, a primeira iluminação real do pós-modernismo. O momento econômico crucial da administração Reagan ocorreu em 12 de agosto de 1982, quando o mercado de ações americano decolou – início de uma atividade febril que pôs fim à recessão da era Carter. Três meses depois, Jameson fazia sua conferência no Museu Whitney.

POLARIDADES

Se essas foram talvez as condições para o pós-moderno, o que se pode dizer dos seus contornos? Historicamente, o modernismo foi no essencial uma categoria *post facto*, unificando *a posteriori* uma ampla variedade de formas e movimentos experimentais cujos nomes por si mesmos nada revelavam dele. O pós-modernismo, ao contrário, está muito mais próximo de uma noção *ex ante*, uma concepção que brotou antecipadamente das práticas artísticas que veio a retratar. Não que tenha alguma vez sido adotado de forma significativa pelos próprios praticantes, não mais do que o modernismo (visto agora) no seu apogeu. Mas há ainda uma grande diferença de peso entre os termos. Os tempos modernos foram os do gênio inigualável – o "alto modernismo" de Proust, Joyce, Kafka, Eliot – ou da vanguarda intransigente – os movimentos coletivos do simbolismo, futurismo, expressionismo, construtivismo, surrealismo. Era um mundo de claras demarcações, cujas fronteiras eram balizadas por meio de manifestos: declarações de identidade estética comuns não apenas às vanguardas, mas também, num estilo mais oblíquo e sublimado característico, a escritores como Proust ou Eliot, declarações que separavam o terreno escolhido pelo artista dos *terrains vagues* além.

Ao pós-moderno falta isso. Desde os anos 70, a própria idéia de vanguarda ou do gênio individual passou a ser suspeita. Há cada vez menos movimentos coletivos e combativos de inovação e são cada vez mais raros os "ismos" como emblemas de originalidade. Pois o universo pós-moderno não é de delimitação, mas de mistura, de celebração do cruzamento, do híbrido, do *pot-pourri*. Nesse clima o manifesto é algo ultrapassado, uma relíquia do purismo afirmativo em contradição com o espírito da época. À falta, porém, de um sistema de autodesignação intrínseco ao campo das próprias práticas artísticas, o unificador externo que é o pós-modernismo adquiriu um relevo contemporâneo, como rubrica abrangente de todas elas, que o modernismo nunca teve. Fechou-se a lacuna entre o nome e a época.

Isso não quer dizer que não tenha havido nenhuma discrepância. A história da idéia de pós-moderno, como vimos, começa bem antes do advento de qualquer coisa que pudesse prontamente ser identificada como uma forma do pós-moderno atual. Nem a ordem da sua teorização corresponde à do seu aparecimento como fenômeno. As origens da noção de pós-modernismo foram literárias e sua projeção à fama como estilo foi arquitetônica. Mas muito antes de aparecerem romances ou prédios que atendiam às definições-padrão de pós-moderno, praticamente todos os seus aspectos afloraram na pintura. Desde a *belle époque* a pintura foi em geral o sismógrafo mais sensível de mudanças culturais mais amplas. Pois a pintura se destaca entre as artes por uma combinação distinta de características que traduz um status especial. Por um lado, no nível dos recursos que exige como prática, seus custos de produção são de longe os mais baixos (mesmo os escultores usam materiais mais caros): basta um mínimo de tintas e telas, ao alcance do mais indigente criador. Em comparação, os montantes de capital exigidos pela arquitetura ou o cinema são enormes, e escrever ou compor normalmente exige despesas consideráveis para se chegar à publicação ou execução. Outra maneira de colocar a questão é simplesmente notar que o pintor é em princípio o único produtor inteiramente independente, que em geral não precisa de maior intermediação para realizar uma obra de arte.

Por outro lado – e num tremendo contraste –, o mercado de pintura oferece potencialmente as mais elevadas taxas de retorno do investimento inicial dentre todas as artes. Desde a Segunda Guerra Mundial, o sistema de galerias e leilões de arte fez o valor das obras efetivamente disparar, chegando por vezes a cifras astronômicas. O que é peculiar ao mercado de arte, claro, e explica esses preços estonteantes é o seu caráter especulativo. As obras podem ser compradas e vendidas como meras mercadorias para um mercado futuro, com vistas ao lucro posterior. Os dois lados opostos da situação da pintura são, naturalmente, inter-relacionados. Não custa muito produzir uma pintura, porque não envolve técnicas de reprodução – aço ou guindaste, câmera ou estúdio, orquestra ou prensa tipográfica, mas precisamente por essa razão, como algo que não é reprodutível – isto é, único – pode adquirir um valor incomensurável. Tal paradoxo liga-se a outro na prática da própria pintura: em nenhuma outra arte é tão frágil a barreira à inovação formal. As limitações da inteligibilidade verbal, para não falar nas leis da engenharia, são muito mais rígidas que os hábitos do olho.

Mesmo a música, dependente de habilidades especializadas do ouvido, é menos livre, como deixa claro o público infinitamente menor das experiências sonoras modernistas.

Portanto não foi por acaso que a pintura começou a romper as convenções da representação muito antes de qualquer outra arte, incluindo a poesia, e sofreu de longe o maior número de revoluções formais desde então. Diante da tela, o pintor desfruta de uma liberdade individual incomparável. No entanto, longe de ser atividade por excelência de solitários, a pintura tem sido objetivamente a mais colaboradora das artes modernas. Em nenhuma outra os termos "escola" e "movimento" – no sentido forte de mútuo aprendizado e propósito comum – apareceu de maneira tão freqüente e ativa. Originalmente, a formação acadêmica ou de estúdio foi sem dúvida crucial para isso. Mas talvez também, num nível mais profundo, a própria liberdade da pintura, no seu assustador espaço de invenção, tenha precisado da compensação de uma característica sociabilidade. Em todas as ocasiões, foi típico dos pintores se unir como raramente fizeram músicos ou escritores, fornecendo nessa interação as mais claras rupturas estilísticas na história geral do modernismo.

Essas características marcaram a pintura de saída como sendo provavelmente o lugar privilegiado de uma transição para o pós-moderno. A última grande escola do moderno expressionismo abstrato foi a primeira a atingir o auge do sucesso. Mas o que o mercado deu, ele tomou. Como observou Greenberg, "na primavera de 1962 ocorreu o súbito colapso, de mercado e de público, do expressionismo abstrato como manifestação coletiva" – uma *débâcle* "causada pelo longo declínio do mercado de ações no inverno e primavera de 1962, que nada teve a ver intrinsecamente com a arte".[11] Seis meses depois, no outono, Nova York viu o triunfo da *pop art*. Originalmente o novo estilo tinha fortes ligações com um passado radical. Rauschenberg tinha lecionado sob a direção de Albers e Olson em Black Mountain, mantendo íntima ligação com Duchamp e Cage; Johns foi saudado de início como um neo-Dada. O fascínio com o ambiente cotidiano mecanizado era uma volta a um dos mais velhos traços vanguardistas. Mas nos anos 60 isso já parecia um impulso diferente. Com efeito, poucas máquinas apareciam nessa pintura, embora as exceções – a insinuante barquinha da morte de Rosenquist – sejam sugestivas. Os ícones característicos da *pop art* já não eram os próprios objetos mecânicos, mas seus fac-símiles comerciais. Essa arte de tiras em quadrinhos, marcas registradas, gravuras de mulher, lemas brilhantes e ídolos confusos fornecia, como David Antin observou falando de Warhol em 1966, "uma série de imagens de imagens".[12] Citando a frase dois anos depois, Leo Steinberg foi talvez o primeiro a chamar essa pintura de pós-modernista.

Com o Warhol posterior, de fato, veio inegavelmente um pós-moderno completo: mescla indiferente de formas – artes gráficas, pintura, fotografia, cinema, jornalismo, música popular; abraçamento calculado do mercado; reverência heliotrópica à mídia e ao poder. Aqui o desvio deplorado por Hassan, de uma disciplina do silêncio para uma brincadeira de cara-de-pau, foi virtualmente traçado dentro de um único estilo – mesmo assim, não sem todo o efeito subversivo. Mas se a *pop art* oferece uma parábola do pós-moderno, na medida em que rumou para uma estética do flerte, os movimentos que a sucederam adquiriram uma orientação mais intransigente. O minimalismo, lançado em 1965-66, desafiava qualquer apelo fácil ao olho, não através da mistura de formas, mas solapando as distinções entre elas: inicialmente com a produção de objetos que não eram nem escultura nem pintura (Judd), depois com a migração da escultura para a paisagem ou para a arquitetura (Smithson, Morris). Aqui, um característico ataque modernista às convenções da percepção foi radicalizado em duas direções, na medida em que as construções espaciais tornaram-se experiências temporais e as exposições institucionais eram frustradas por injunções de local.

O conceitualismo, vindo na cola do minimalismo – suas primeiras formulações datam mais ou menos de 1967 –, foi mais além, desmantelando o próprio objeto artístico com o questionamento dos códigos que o constituíam como tal. Coincidindo com o auge do movimento antibelicista e com a onda de revoltas urbanas na América no final dos anos 60, o conceitualismo era muito mais político na sua intenção, mobilizando texto contra imagem na resistência não apenas às ideologias tradicionais da estética em sentido estrito, mas também à cultura contemporânea do espetáculo em geral. Era também muito mais internacional – com a América do Norte desfrutando de uma leve prioridade mas não da hegemonia, uma vez que variantes de arte conceitual surgiram de forma independente por todo o mundo, do Japão à América Latina, passando pela Austrália e Europa Oriental.[13] Nesse sentido, o conceitualismo pode ser considerado a primeira vanguarda global, o momento em que se abriram as cortinas de fogo da arte moderna – euro-americana – para revelar o palco do pós-moderno. Mas o conceitualismo foi isso também em outro sentido. Não foi apenas o fato de a tela formal ter sido substituída por objetos inclassificáveis, iludindo o sistema das belas-artes, a própria pintura foi derrubada como ápice do visual e volatilizada em outras formas. A seguir surgiam as instalações. O pictórico ainda se acha em suspenso após o choque dessa rebelião.

A ruptura entre o moderno e o pós-moderno, portanto, não apenas chegou mais cedo na pintura e na escultura do que em qualquer outro meio de expressão, mas foi mais drástica aí – um questionamento radical da própria natureza das artes. Assim, não surpreende que precisamente essa área tenha dado origem às teorias mais ambiciosas sobre o destino da estética. Em 1983, o historiador de arte alemão Hans Belting publicou *Das Ende des Kunstgeschichte?* [*O fim da história da arte?*] e, um ano depois, o filósofo americano Arthur Danto lançou o ensaio "The Death of Art" ["A morte da arte"].[14] A estreita convergência dos seus temas encontrou expressão ainda maior na segunda edição ampliada da obra de Belting, *Eine Revision nach zehn Jahren* [*Uma revisão dez anos depois*, 1995], que elimina a interrogação do título original, e em *After the End of Art* [*Após o fim da arte*, 1997], de Danto.

A tese de Belting tomou a forma de um duplo ataque: às reguladoras "noções ideais de arte" que informavam a história da arte desde Hegel, mas cujas origens remontam a Vasari; e às concepções vanguardistas de "progresso" contínuo na arte moderna. Esses dois discursos, argumentou, sempre estiveram separados, uma vez que os historiadores da arte – com pouquíssimas exceções – nunca tiveram muito a dizer sobre a arte de seu tempo, enquanto as vanguardas tendiam de qualquer forma a rejeitar em bloco a arte do passado. Mas ambos eram mistificações históricas. Não havia nem uma essência unitária nem uma lógica reveladora na arte, que não apenas assumiu formas as mais diversas como preencheu funções radicalmente diferentes nas várias sociedades e épocas da história da humanidade.

No Ocidente, o predomínio da pintura de cavalete só começara no Renascimento e tinha agora terminado. Em meio à desintegração dos seus gêneros tradicionais, era agora legítimo indagar se a arte ocidental não havia atingido a espécie de exaustão na qual as formas clássicas de arte do Extremo Oriente eram com freqüência vistas como tendo, no seu campo, chegado ao fim. De qualquer modo, estava claro que uma "história da arte" coerente – isto é, de suas variantes ocidentais, uma vez que nunca foi elaborada uma história universal da arte – já não era mais possível, mas apenas discretas investigações de episódios específicos do passado, e que não poderia haver algo como uma "obra de arte" constante como fenômeno singular suscetível de uma interpretação universalmente válida. No devido tempo, Belting procedeu a uma volumosa ilustração do seu argumento em *Bild und Kult* [*Imagem e culto*, 1990], um estudo sobre representações devocionais desde a Antigüidade mais recente até o fim da Idade Média, traçando "uma história da imagem antes da era da arte".

Quando reviu o trabalho em meados dos anos 90, Belting não teve mais dúvida de que a história da arte como se entendia outrora havia terminado. Sua atenção voltou-se então para o próprio destino da arte. Outrora a arte era entendida como uma imagem da realidade, para a qual a história da arte oferecia uma moldura. Nos tempos contemporâneos, porém, a arte escapou da moldura. As definições tradicionais não podiam mais abarcá-la, com novas formas e práticas proliferando e não apenas utilizando a mídia de massa como material, mas muitas vezes originando-se da própria mídia eletrônica ou mesmo se tornando moda, como rivais estilísticos do que restou das belas-artes. As práticas visuais da cena pós-moderna tinham que ser exploradas com o mesmo espírito etnográfico com que se investigavam os ícones pré-modernos, sem compromisso com qualquer ciência da aparência bela. No século XIX, Hegel proclamou o fim da arte e, ao mesmo tempo, fundou um novo discurso de história da arte. Hoje, segundo Belting, vemos o fim de uma história linear da arte, quando a arte abandona suas definições. O resultado é o oposto de um fechamento: uma abertura bem-vinda e sem precedentes caracteriza a época.

Danto chega à mesma conclusão por um caminho ligeiramente diferente, embora de modo picante. Aqui, o "fim da arte" é mais filosoficamente anunciado como o colapso de todas as narrativas mestras que emprestaram um significado cumulativo às diferentes obras de arte do passado. Mas essa invocação de Lyotard de modo algum significa uma similaridade de dedução. A narrativa cuja morte Danto quer celebrar é a de Greenberg sobre a dinâmica da pintura moderna, que avança através de sucessivas purificações para além da figura, da profundidade e do empastamento até a cor simples, chapada. O enterro dessa narrativa foi a *pop art*, que numa ou outra variante restaurou de modo inesperado praticamente tudo o que Greenberg declarara gasto. Para Danto, a *pop art* marcou a entrada da pintura na liberdade "pós-histórica", na qual tudo que é visível poderia se tornar obra de arte; um momento cuja epifania poderia ser a caixa de sabão em pó de Warhol. Porque a *pop art* não era simplesmente uma salutar "adoração do lugar-comum" após a elitista metafísica do expressionismo abstrato (com suas suspeitas ligações com o surrealismo). Era também uma demonstração – aqui a conexão com Duchamp era essencial – de que "a estética não é de fato uma propriedade essencial ou definidora da arte". Uma vez que não havia mais uma prescrição de modelo de arte, uma bala podia ser tão aceitável como obra de arte, se como tal fosse proposta, quanto qualquer outra coisa.[15]

Essa condição de "perfeita liberdade artística", na qual "tudo é permitido", não contradizia, porém, a *Estética* de Hegel; ao contrário, era a sua materialização. Pois "o fim da arte consiste na conscientização da verdadeira natureza filosófica da arte" – ou seja, a arte se transfere para a filosofia (como Hegel disse que deveria) no momento em que somente uma decisão intelectual pode determinar o que é ou não arte. Esse é um estado final que Danto explicitamente associa àquela outra perspectiva hegeliana que é o fim da história enquanto tal, na reinterpretação de Kojève. Se este fim ainda não foi atingido, aquele estado permite uma previsão feliz. "Como seria maravilhoso acreditar que o pluralístico mundo da arte do presente histórico é um precursor de futuras realidades políticas!"[16] A interpretação de Belting – essa é a sua principal diferença em relação a Danto – em vez de apelar a Hegel, dispensa-o. Mas fere uma tecla bem semelhante precisamente nesse ponto onde recorre o tema de uma condição pós-histórica transmitida a Gehlen por Henri De Man a partir da fonte alternativa de Cournot: "gostaria de argumentar que a Pós-história dos artistas começou antes e desdobrou-se de forma mais criativa que a *Posthistoire* dos pensadores históricos."[17]

A fragilidade intelectual desses argumentos entrelaçados é bastante evidente. A equação de ícones pré-modernos com simulacros pós-modernos, como arte anterior e pós-arte, envolve um óbvio paralogismo – uma vez que no primeiro caso os objetos são dotados retrospectivamente de status estético, enquanto no segundo têm essa condição expressamente negada. O que qualifica então o segundo como arte? Para Danto, a resposta é essencialmente o *fiat* do artista. A diferença entre a mercadoria no supermercado e sua reprodução no museu está no próprio gesto debochado de Warhol. Seria difícil imaginar uma filosofia da arte que fosse, em substância, menos hegeliana. A verdadeira inspiração aqui está mais próxima de Fichte: o ego postulando o mundo que deseja. Esse paroxismo do idealismo subjetivo é estranho a Belting, que segue num passo antropológico mais cauteloso. Mas comum a ambos os teóricos é uma predileção de campo específica. O pós-moderno é interpretado e admirado essencialmente por suas formas mais descaradas e ostensivas: seus artistas emblemáticos são Warhol e Greenaway.

Mas a ruptura pode também ser definida de outra forma. Para Hal Foster, o teórico mais convincente de uma "neovanguarda" em dívida com suas antecessoras históricas mas não necessariamente inferior a elas – com efeito, talvez capaz de atingir objetivos que elas não alcançaram –, não foi o senso figurativo da *pop art* mas as austeras abstrações do minimalismo que marcaram o momento de ruptura: "uma virada paradigmática rumo às práticas pós-modernistas que continuam a ser desenvolvidas hoje".[18] Pois se as vanguardas originais centraram fogo nas convenções da arte, prestaram relativamente pouca atenção a suas instituições. Ao expor essas instituições, as neovanguardas consumaram – com atraso, por assim dizer – o seu projeto. Foi a tarefa empreendida pela coorte de artistas cuja obra representou a mais efetiva passagem do minimalismo para o conceitualismo: Buren, Broodthaers, Asher, Haacke. O pós-moderno nunca suplantou completamente o moderno, os dois estando sempre de alguma forma "atrasados", como tantos futuros prefigurados e passados recuperados. Mas inaugurou uma série de "novos caminhos para praticar a cultura e a política".[19] A noção de pós-moderno, insiste Foster, independente dos maus usos que fizeram dela depois, não era uma noção a que a esquerda devesse se render.

Tais abordagens parecem virtualmente antitéticas, não apenas na inflexão estética, mas também na política. Mas os aspectos comuns por trás das normas contrastantes de cada uma são também evidentes. Como paródia se poderia dizer: sem Duchamp não haveria Rauschenberg nem Johns; sem Johns não haveria Warhol nem Judd; sem Ruscha ou Judd, nada de Kosuth nem Lewitt; sem Flavin ou Duchamp (finalmente superado), não haveria Buren. Mesmo a última esperança da abstração modernista, Frank Stella, outrora um baluarte contra tudo que escorregasse para o pós-moderno, desempenhou um papel nada desprezível para o seu advento. Por mais que se mapeie aqui a transformação do visual, as conexões e oposições se entrelaçam. Essa história é ainda recente demais para uma interpretação desapaixonada que faça justiça a todas as suas contradições. Mas um mero nominalismo *ad hoc* é claramente insuficiente também. As mudanças na pintura sugerem um padrão mais amplo. Alguma forma provisória de conceitualizar o que parece ser uma tensão constitutiva dentro do pós-modernismo faz-se necessária.

Na própria origem do termo, como vimos, houve uma bifurcação. Quando Federico de Onís cunhou o termo *postmodernismo*, contrastou-o com *ultramodernismo*, vendo as duas coisas como reações opostas ao modernismo hispânico, uma sucedendo à outra após curto espaço de tempo. Cinqüenta anos depois, o pós-modernismo tornou-se um termo de uso generalizado cujas conotações primordiais continuam próximas daquelas indicadas por Onís, mas que também as ultrapassa visivelmente rumo ao outro extremo da sua interpretação. Para captar essa complexidade, faz-se necessário outro par de prefixos – intrínseco ao pós-modernismo. Talvez o mais apropriado pudesse ser tomado emprestado a um passado revolucionário. Num famoso discurso em 19 de Nivôse do Ano 2, Robespierre fez distinção entre as forças "infra-revolucionárias" e "ultra-revolucionárias" da França – isto é, os moderados, que queriam fazer a República recuar das medidas resolutas necessárias para salvá-la (Danton), e os extremistas, que queriam precipitá-la nos excessos que com certeza a fariam sucumbir (Hébert).[20] Aqui, expurgada da polêmica local, está a questão dual que melhor expressa a polaridade do pós-moderno.

O "infra" pode ser tomado como todas as tendências que, rompendo com o alto modernismo, pretenderam reinstalar o ornamental e de mais fácil acesso; já o "ultra" pode ser visto como todas aquelas que foram além do modernismo ao radicalizar suas negações da inteligibilidade imediata ou a gratificação sensual. Se o contraste entre a arte *pop* e a minimalista-conceitual na galeria pós-moderna é arquetípico, a mesma tensão pode ser vista em todas as outras artes. A arquitetura é um caso particularmente acentuado, em que o pós-moderno se estende do vistoso histrionismo de Graves ou Moore num extremo aos rigores desconstrutivistas de Eisenmann ou Liebeskind no outro: do inframodernismo e ultramodernismo à escala monumental. Mas seria igualmente possível mapear – digamos – a poesia contemporânea de modo similar. A história padrão de David Perkins, com efeito, faz isso tacitamente ao distribuir geograficamente os gêneros pós-modernos, por exemplo entre a Grã-Bretanha e os Estados Unidos – o modernismo recorrendo a Larkin ou Hughes de um lado do Atlântico e a Ashbery ou Perelman do outro. Entusiastas destes últimos, naturalmente, excluiriam o infra da poesia pós-moderna,[21] assim como, vice-versa, Jencks excluiria o ultra da arquitetura pós-moderna. Um dos aspectos mais notáveis dos textos críticos de Jameson é a sua negociação sem esforço dos dois extremos: Portman e Gehry, Warhol e Haacke, Doctorow e Simon, Lynch e Sokurov.

Um divisor formal desse tipo corresponde a alguma linha de demarcação social? Confrontando a cultura do capital, o modernismo podia apelar a dois mundos alternativos de valor, ambos hostis à lógica comercial do mercado e ao culto burguês da família, ainda que de pontos de vista opostos. A ordem aristocrática tradicional oferecia um conjunto de ideais contra os quais medir as injunções do lucro e do puritanismo – uma *sprezzatura* acima do cálculo vulgar e da inibição estreita. O movimento operário emergente incorporava um conjunto de ideais bem diferente, não menos antagônico ao reino do fetiche e da utilidade, mas buscando sua base na exploração e sua solução num futuro igualitário, e não num passado hierárquico.[22] Essas duas críticas sustentavam o espaço da experimentação estética. Artistas em disputa com as convenções estabelecidas tinham a chance de uma adesão metonímica a uma classe ou outra, como estilos morais ou públicos imaginários. Por vezes eram atraídos por ambas, como notoriamente o foram críticos como Ruskin. Havia também outras opções: a nova pequeno-burguesia urbana – amavelmente popular, e não furiosamente proletária – foi um importante referencial para os impressionistas ou para Joyce. Mas as duas principais áreas de investimento efetivo ou imaginário foram as altas esferas do lazer aristocrático e as camadas inferiores do trabalho físico. Strindberg, Diaghilev, Proust, George, Hofmannsthal, D'Annunzio, Eliot e Rilke podem representar a primeira corrente; e Ensor, Rodchenko, Brecht, Platonov, Prévert, Tatlin e Léger, a segunda.

É evidente que essa divergência não correspondia a nenhum padrão específico de mérito estético. Mas, de forma igualmente clara, indicava dois grupos de simpatias políticas opostas que delimitavam o alcance dos estilos adotados por cada lado. Havia, naturalmente, importantes exceções aí, como Mallarmé ou Céline, em que o hermético e o demótico trocavam sinais ideológicos. Mas a regra geral foi o campo do modernismo ser atravessado por duas linhas sociais de atração, com conseqüências formais. Até que ponto se pode dizer algo parecido do pós-modernismo? O fim da aristocracia, a evanescência da burguesia e a erosão da confiança e da identidade da classe operária alteraram os apoios e alvos da prática artística de maneiras fundamentais. Não que os discursos alternativos tenham simplesmente desaparecido. Novos pólos de identificação oposicionista surgiram no período pós-moderno: sexo, raça, ecologia, orientação sexual, diversidade regional ou continental. Mas esses constituíram até aqui um conjunto frágil de antagonismos.

Warhol pode ser considerado exemplar. Numa leitura simpática e engenhosa, Wollen situa a "teatralização da vida cotidiana" promovida por Warhol como uma continuação *underground* do histórico projeto da vanguarda de derrubar as barreiras entre a arte e a vida, com a tarefa política passando a ser a liberação *gay*. Mas é insuficiente a contradição entre esse legado e o fascínio posterior de Warhol pela política de Reagan – a fase dos "retratos de sociedade e TV a cabo".[23] Os instintos subversivos foram em última análise suplantados por algo mais amplo. A competente refeitura da trajetória geral do modernismo por Wollen ressalta que na sua origem está uma circulação entre a baixa e a alta cultura, entre a periferia e o centro, cujo resultado original foi muito mais desordenado e exuberante do que a estética funcionalista exigiu em nome de uma modernidade industrial aerodinâmica enamorada do americanismo e do fordismo. Mas, argumenta, sempre persistiu uma corrente heterodoxa subterrânea de "diferença, excesso, hibridismo e polissemia" – ocasionalmente visível mesmo em fanáticos da pureza como Loos ou Le Corbusier – que com a crise do fordismo reemergiu no jogo decorativo das formas pós-modernas.[24]

À primeira vista parece uma história de final surpreendente. Mas há suficientes indicações de novas formas de poder corporativo em outros trechos do relato de Wollen para sugerir um veredito mais ambíguo. A verdade, no entanto, é que o complexo institucional e tecnológico que emergiu da crise do fordismo não adquire o mesmo peso relativo do próprio cenário fordista na reconstrução de Wollen. O menor detalhe permite uma conclusão mais livre. O risco aqui é uma subestimação da mudança na situação das artes desde os anos 70, onde as forças atuantes no ressurgimento do ornamental e do híbrido obviamente não foram liberadas apenas de baixo. Outra maneira de colocar isso seria perguntar até que ponto o atraente título de *Raiding the Icebox* [*Atacando a geladeira*] é inteiramente contemporâneo. A frase comezinha de Warhol pertence precisamente àquela "nostálgica elegia" dos anos de adolescência vividos numa era dourada de americanismo que, ressalta Wollen, definiram a *pop art* como um todo. O que poderia ser mais anos 50 do que um refrigerador? Entre essa pilhagem casual, acidental, das conservas do passado e nosso presente pós-moderno, há uma barreira eletrônica. Hoje, vasculhar o banco de fotos, surfar pela rede, digitalizar a imagem seriam operações mais efetivas – todas elas, necessariamente, mediadas pelos oligopólios do espetáculo.

É acima de tudo essa transformação, a ubiqüidade do espetáculo como princípio organizador da indústria cultural nas condições atuais, que agora divide o campo artístico. A sutura entre o formal e o social encontra-se bem aqui. O inframoderno pode virtualmente ser definido como aquilo que se ajusta ou faz apelo ao espetacular; o ultramoderno, como aquilo que busca iludi-lo ou recusá-lo. Não há como separar a volta do decorativo e a pressão desse ambiente. "Alto" e "baixo" adquirem um sentido diferente aqui, não mais denotando a diferença entre popular e elitista, mas entre o mercado e aqueles que o comandam. Não que, mais do que no moderno, haja alguma simples correspondência entre a relação de uma obra com a linha demarcatória e sua realização. A qualidade estética continua a ser, como sempre, distinta da posição artística. Mas o que pode ser dito com absoluta certeza é que no pós-moderno o infra inevitavelmente predomina sobre o ultra. Pois o mercado faz seu próprio abastecimento numa escala maciçamente além de quaisquer práticas que a ele resistiriam. O espetáculo é por definição o que hipnotiza o máximo do social.

É este desequilíbrio endêmico do pós-moderno que aflora mesmo nas reflexões dos seus comentaristas mais sérios e generosos. O último capítulo de *A volta do real* tem o melancólico título de "O que foi que aconteceu ao pós-modernismo?" – quer dizer, as práticas e teorias que seu autor defendeu, já percebidas agora como despojos de um naufrágio, encalharam nas margens do tempo com a correnteza contínua da mídia.[25] Wollen, assistindo à exposição da Academia de 1997, achou a arte da instalação cada vez mais padronizada na hora da própria vitória e a centelha da inovação retornando inesperadamente à pintura em duvidoso combate com seu novo ambiente – ou "a tensão sentida no mundo da arte entre o legado de um perdido modernismo e a cultura ascendente do espetáculo, as forças transformadas e triunfais de tudo que Clement Greenberg desprezou como *kitsch*. A ordem do novo mundo está no ascendente e o mundo da arte não pode certamente isolar-se dele". Nessa situação angustiante, a arte contemporânea é empurrada em duas direções: um desejo de "reavaliar a tradição modernista, de reincorporar elementos dela como corretivos da nova cultura visual pós-moderna" e um impulso de "se lançar de cabeça no novo mundo sedutor da fama, do comercialismo e do sensacionalismo"[26]. Esses caminhos, ele conclui, são incompatíveis. Na natureza das coisas há pouca dúvida sobre qual provavelmente comporta o maior tráfego.

Inflexões

A escrita de Jameson sobre o pós-modernismo sugere alguma evolução comparável de ênfase? Observações semelhantes estão certamente incluídas no seu estudo sobre Adorno, que pode ser lido não apenas na chave do seu título – *Late Marxism* [*Marxismo avançado*] –, mas também como uma recuperação, no espírito da observação de Wollen, de um legado dialético da fase final do modernismo. Jameson é explícito nesse ponto: "o modernismo de Adorno impossibilita a assimilação no jogo aleatório livre da textualidade pós-moderna, o que quer dizer que uma certa noção de verdade ainda está em jogo nessas questões verbais ou formais", e que seu exemplo perdura mesmo no que tem de mais provocativo. O exame impiedoso de Hollywood em *Dialética do Esclarecimento*, sejam quais forem suas outras falhas, nos lembra de que "talvez hoje, quando o triunfo das mais utópicas teorias da cultura de massa parece completo e virtualmente hegemônico, precisamos do corretivo de alguma nova teoria da manipulação e de uma mercantilização propriamente pós-moderna".[27] Nas atuais condições, o que outrora foram limitações idiossincráticas tornaram-se antídotos essenciais. "Adorno era um aliado duvidoso quando havia ainda poderosas correntes políticas de oposição das quais seu imobilismo temperamental e perverso podia desviar o leitor engajado. Agora que por enquanto essas correntes estão, elas próprias, imobilizadas, a bile de Adorno é um alegre antídoto e um corrosivo solvente na superfície do 'que é'."[28] Aqui está a voz política da mesma exigência.

O livro de Jameson sobre Adorno é praticamente contemporâneo de *Postmodernism, or, the Cultural Logic of Late Capitalism*. Desde então, podemos detectar qualquer desvio na sua perseguição do pós-moderno? Na última parte de *The Seeds of Time* (1994), confessando "uma certa exasperação comigo mesmo e com outros" por exagerar a "riqueza incontrolável" das formas arquitetônicas do pós-moderno, Jameson propôs em vez disso uma análise estrutural das suas limitações.[29] O resultado é uma combinação de posições delimitadas por quatro signos – a totalidade, a inovação, a parcialidade e a cópia – que formam um sistema fechado. Esse fechamento não determina as respostas do arquiteto ao conjunto de possibilidades do sistema, mas esvazia a retórica pluralista do pós-modernismo. Mais que isso, é extraordinário que Jameson professe aí admiração por todos os praticantes ou teóricos – Koolhaas, Eisenmann, Graves, Ando, Moore, Rossi, Frampton – distribuídos ao redor dessa praça semiótica, não importando quão hostis uns com os outros. Coerente com esse ecumenismo, embora o social seja muitas vezes poderosamente evocado ao longo do relato, essa admiração não permite discriminação de posições, que são diferenciadas apenas por critérios formais.

Uma conseqüência paradoxal é descobrir que os embelezamentos de Moore ou Graves se alinham ao horror selvagem que têm, no mesmo quadrante estético, por Frampton – que a análise tem então que decantar numa combinação subsidiária de modo a separá-los. Quanto a Frampton, ele deve achar pouco crítica essa forma de encarar o campo de batalha da arquitetura.[30] É verdade que a arquitetura ocupa uma posição peculiar dentre as artes, o que pode explicar a aparente reticência de Jameson aqui. Nenhuma outra prática estética tem tal impacto social imediato e – o que é bastante lógico – nenhuma gerou, portanto, tantos projetos ambiciosos de engenharia social. Mas se tanto o custo como as conseqüências de um grande complexo de edifícios são maiores que os de qualquer outro meio de expressão, o efetivo exercício da livre escolha – de estruturas e de lugar – pelo arquiteto é caracteristicamente mais limitado que em qualquer outra arte: opressivamente, são os clientes que, através do incorporador e sua burocracia, dão as cartas. Já na primeira frase de sua enorme fantasia programática, *S,M,L,XL*, diz Koolhaas: "a arquitetura é uma mistura fortuita de onipotência e impotência."[31] Se uma certa impotência essencial é a base comum, então as fantasias de onipotência só podem encontrar escape nas formas.

Resta saber até que ponto um raciocínio desse tipo está por trás da abordagem de Jameson. É digno de nota, porém, que a combinação – anunciada apenas como um esboço – tenha sido desde então seguida por intervenções de molde mais estrito que passam a colocar a questão que ela deixou de lado. Uma revisão urbana da súmula de Koolhaas mistura o entusiasmo da admiração pessoal pela figura com uma projeção ameaçadora do futuro que ele exalta – a cidade disponível, cuja antecipação mais aproximada é Cingapura: um iconoclasmo efervescente idealizando um cenário virtualmente penitenciário como perverso destino de uma "vanguarda sem missão".[32] Subseqüentemente, Jameson insistiu na "agonizante questão das responsabilidades e prioridades" na arquitetura contemporânea e na necessidade de uma crítica da sua ideologia das formas – onde as fachadas de Bofill ou Graves pertencem à ordem do simulacro e "uma riqueza de inventividade dissolve-se em frivolidade ou esterilidade".[33] No texto final de *The Cultural Turn* [*A guinada cultural*], é a estrutura especulativa das próprias finanças globalizadas – o reino do capital fictício, na expressão de Marx – que encontra forma arquitetônica nas superfícies fantasmas e nos volumes desencarnados de muito arranha-céu pós-moderno.

Em outras áreas, o desvio parece mais acentuado. E em nenhum lugar tanto quanto no longo e espantoso ensaio sobre as "Transformações da imagem", no miolo de *A guinada cultural*. Aqui Jameson registra uma volta indiscriminada, dentro do pós-moderno, de temas outrora teoricamente proscritos pela nova tendência: uma reintegração da ética, o retorno ao sujeito, a reabilitação da ciência política, renovados debates sobre a modernidade e – acima de tudo – uma redescoberta da estética. Na medida em que o pós-modernismo em sentido mais amplo, como lógica do capitalismo triunfante em escala mundial, baniu o espectro da revolução, esse desvio recente representa na leitura de Jameson o que poderíamos chamar uma "restauração dentro da restauração". O objeto específico de sua crítica é o renascimento de uma pronunciada estética da beleza no cinema. Os exemplos que discute vão de Jarman ou Kieslowski em determinado nível, passando por diretores como Corneau ou Solas, aos atuais filmes de ação hollywoodianos; para não falar da temática da arte e da religião ligada à nova produção do belo. Sua conclusão é draconiana: onde antes a beleza poderia ser um protesto subversivo contra o mercado e suas funções utilitárias, hoje a mercantilização universal da imagem absorveu-a como uma traiçoeira pátina da ordem estabelecida. "A imagem é a mercadoria atual e é por isso que é inútil esperar dela uma negação da lógica da produção de mercadorias; é por isso, finalmente, que toda beleza hoje é meretriz."[34]

A ferocidade dessa declaração não tem equivalente nos textos de Jameson sobre arquitetura, que mesmo no ápice da reserva são muito mais tolerantes com as pretensões ao esplendor visual. O que poderia explicar a diferença? Talvez devêssemos pensar na posição contrastante das duas artes – cinema e arquitetura – na cultura popular. A primeira foi praticamente desde o início sua peça central, enquanto a segunda jamais conseguiu realmente firmar-se. Não houve um equivalente cinematográfico do funcionalismo.

Nesse campo mais rarefeito, uma virada para o decorativo seria menos corrompida pela associação imediata com uma estética duradoura do entretenimento que na mais escancaradamente comercial de todas as artes. Em "Transformações da imagem", Jameson ilustra sua estética da beleza com filmes marcadamente experimentais, calculadamente intermediários ou francamente populares. Mas se é difícil ver *Latino Bar* ou *Yeelen* da mesma maneira que *A liberdade é azul* ou *O poderoso chefão*, a pressão para sua assimilação decorre da categoria desses últimos. Isso pode ser deduzido do foco do ataque original de Jameson à beleza cinematográfica – o ilegítimo "culto da imagem lustrosa" nas fotos nostálgicas das bilheterias, cuja "mera beleza pode parecer obscena" como "um embrulho definitivo da Natureza em celofane, do tipo que uma loja elegante bem gostaria de exibir na vitrine". É notável que nessa ocasião, na fonte de suas objeções, Jameson tenha especificado o oposto: essas "situações e momentos históricos nos quais a conquista da beleza é um violento ato político: a intensidade alucinatória da cor borrada no encardido torpor da rotina, o gosto doce-amargo do erótico num mundo de corpos brutalizados e exaustos".[35]

Se essas possibilidades diminuíram tanto hoje, a razão está na "imensa distância entre a situação do modernismo e a dos pós-modernos ou nós mesmos" criada pela generalizada mutação da imagem em espetáculo – porque hoje "o que caracteriza a pós-modernidade no campo cultural é a superação de tudo o que está fora da cultura comercial, a absorção de toda a cultura, alta e baixa", num único sistema.[36] Essa transformação cultural, na qual o mercado passa a incluir tudo, é acompanhada por uma metamorfose social. O relato que Jameson faz dessa mudança é, pelo menos de início, mais favorável. Assinalando os níveis mais elevados de alfabetização e a abundância de informação, os costumes menos hierárquicos e a dependência mais generalizada do trabalho assalariado, ele usa um termo brechtiano para captar o processo de nivelamento resultante: não a democratização, que implicaria uma soberania política que constitutivamente falta, mas a "plebeização" – uma situação que, com todas as suas limitações, a esquerda só poderia acolher com satisfação.[37] Mas, como muitas vezes ocorre com Jameson, as profundidades dialéticas de um conceito só se depreendem gradualmente.

A reflexão subseqüente sobre essa alteração fere assim uma tecla de certo modo diferente. Em *The Seeds of Time*, a plebeização revela outro aspecto – não tanto uma superação da distância de classe, mas uma anulação da diferença social *tout court*: isto é, a erosão ou supressão de qualquer categoria do outro no imaginário coletivo. O que outrora podia ser representado alternativamente pela alta sociedade ou pelo submundo, o nativo ou o estrangeiro, some agora numa fantasmagoria de condições intercambiáveis e mobilidade aleatória, na qual nenhuma posição na escala social é jamais irrevogavelmente fixa e o estranho só pode ser projetado para fora no replicante ou extraterrestre. O que corresponde a essa figuração não é nenhuma igualdade objetiva maior – que, ao contrário, recuou por toda parte no Ocidente pós-moderno – mas sim a dissolução da sociedade civil como espaço de privacidade e autonomia numa recortada terra de ninguém de pilhagem anônima e violência desregulamentada: o mundo de William Gibson ou *Blade Runner*.[38] Embora não sem suas cruéis satisfações, essa plebeização não denota forçosamente um maior esclarecimento popular, mas novas formas de embriaguez e ilusão. Esse é o solo natural do luxuriante crescente do imaginário mercantilizado que Jameson analisa de forma tão poderosa em outra parte.

A noção de plebeização vem de Brecht. Mas registrar essas ambigüidades é também lembrar um limite ante o qual, podemos dizer, seu pensamento vacilou. Houve uma sólida realidade que a arte de Brecht nunca conseguiu traduzir: o sinal revelador da sua incerteza diante dela é a banalização de *A resistível ascensão de Arturo Ui*. Porque o Terceiro Reich foi também inegavelmente uma forma de plebeização – talvez a mais drástica já vista, uma que não refletia o outro mas, ao contrário, buscava a eliminação de todos os seus vestígios. Observar isso não é evocar um renovado perigo fascista, um exercício ocioso tanto da direita quanto da esquerda hoje, mas lembrar um legado alternativo daquela época, o exemplo de Gramsci, que nos seus anos de prisão confrontou a força política e a sustentação popular do fascismo sem a menor ilusão. É nos seus livros de anotações que talvez se possa encontrar a mais sugestiva analogia para a transformação social do pós-moderno.

Como italiano, Gramsci era levado a comparar o Renascimento e a Reforma – o novo despertar da cultura clássica e o supremo florescimento das artes que o seu país tinha conhecido e a racionalização da teologia e o formidável revigoramento religioso que a Itália desconheceu. Intelectual e esteticamente, o Renascimento, claro, podia ser visto como bem mais avançado que a Reforma que o sucedeu, a qual, considerada estritamente, significou sob muitos aspectos um retrocesso a um rude provincianismo e ao obscurantismo bíblico. Mas a Reforma foi nesse sentido uma reação conservadora que trouxe um progresso histórico. Porque o Renascimento fora essencialmente um assunto da elite, confinado às minorias privilegiadas mesmo entre as pessoas instruídas, enquanto a Reforma foi um levante de massa que transformou a perspectiva para metade da gente comum européia. Mas na seqüência de um movimento para o outro estava a condição do Iluminismo.[39] Pois a extraordinária sofisticação da cultura renascentista, confinada às elites, tinha que ser vulgarizada e simplificada se a sua ruptura com o mundo medieval tivesse que ser transmitida como impulso racional às camadas inferiores. A reforma da religião era a adulteração necessária – a passagem do avanço intelectual pela prova da popularização para adquirir um alicerce social mais amplo e portanto mais forte e mais livre por fim.

As qualificações empíricas exigidas pelo relato de Gramsci não devem nos ocupar aqui. O que interessa é a representação do processo que ele descreveu. Pois não é algo bem próximo disso a relação entre o modernismo e o pós-modernismo vista historicamente? A passagem de um para o outro como sistemas culturais parece marcada exatamente por essa combinação de difusão e diluição. A "plebeização", nesse sentido, significa de fato uma vasta ampliação da base social da cultura moderna; mas também, além disso, uma grande diluição da sua substância crítica para a produção da insossa poção pós-moderna. Mais uma vez a qualidade era trocada pela quantidade, num processo que pode ser considerado ou uma bem-vinda emancipação do confinamento de classe, ou uma calamitosa contração das energias criativas. O fenômeno da vulgarização cultural, cujas ambigüidades chamaram a atenção de Gramsci, é com certeza de caráter mundial. O turismo de massa, a maior de todas as indústrias do espetáculo, pode figurar como seu monumento, na sua impressionante mistura de liberação e despojamento. Mas aqui a analogia coloca uma questão. Na época da Reforma, o veículo para descer à vida popular era a religião: foram as igrejas protestantes que garantiram a passagem da cultura pós-medieval para um mundo mais democrático e secular. Hoje, o veículo é o mercado. Serão os bancos e corporações candidatos plausíveis ao mesmo papel histórico?

Basta prosseguir um pouco na comparação para ver seus limites. A Reforma foi, sob muitos aspectos, um rebaixamento social dos picos culturais atingidos anteriormente: homens como Maquiavel, Michelangelo, Montaigne ou Shakespeare não deveriam ser reproduzidos. Mas foi também, claro, um movimento político de convulsiva energia, desencadeando guerras e conflitos civis, migrações e revoluções na maior parte da Europa. A dinâmica protestante era ideológica, impelida por um conjunto de crenças ferozmente ligadas à consciência individual, resistente à autoridade tradicional, devotada ao literal, hostil aos ícones – uma perspectiva que produziu seus próprios pensadores radicais, de início teológicos, depois mais aberta e diretamente políticos: de Melanchthon ou Calvino a Winstanley ou Locke. Aí, para Gramsci, estava o papel progressista da Reforma que abriu caminho para a era do Iluminismo e da Revolução Francesa. Foi uma insurreição contra a ordem ideológica pré-moderna da igreja universal.

A cultura pós-moderna é o inverso. Embora grandes mudanças políticas tenham varrido o mundo no último quartel de século, raramente foram resultado de encarniçadas lutas políticas de massa. A democracia liberal disseminou-se por força do exemplo econômico ou da pressão – a "artilharia mercantil" de que falou Marx –, e não por um levante moral ou mobilização social; e à medida que isso aconteceu, sua solidez tendeu a enfraquecer-se, tanto em suas terras de origem como nos novos territórios conquistados, com os decrescentes índices de participação eleitoral e a crescente apatia popular. O *Zeitgeist* [espírito de época] não é atiçado; a hora é de democrático fatalismo. Como poderia ser de outra forma se a desigualdade social aumenta *pari passu* com a legalidade política e a impotência cívica anda de mãos dadas com o voto? A única coisa que se move é o mercado – mas numa velocidade cada vez maior, revolvendo hábitos, estilos, comunidades e populações no seu rasto. Não há nenhuma iluminação predestinada no fim do caminho. Um começo vulgar carece de conexão automática com uma conclusão filosófica. O movimento de reforma religiosa começou com a destruição das imagens; o advento do pós-moderno instaurou como nunca o domínio das imagens. O ícone outrora derrubado pelo vento da dissidência é agora entronizado em *plexiglass* como *ex voto* universal.

A cultura do espetáculo gerou, naturalmente, sua própria ideologia. É o *credo* do pós-modernismo, descendente de Lyotard. Intelectualmente não é de grande interesse: uma mistura nada exigente de noções cujo resultado é pouco mais que uma tagarelice convencional. Mas como a circulação de idéias pelo corpo social tipicamente não depende da coerência delas mas de sua consistência com interesses materiais, a influência dessa ideologia permanece considerável e de modo algum confinada à vida universitária, mas permeando a cultura popular em geral. Foi a esse complexo de coisas que Terry Eagleton dedicou uma crítica brilhante em *As ilusões do pós-modernismo*. Logo de início Eagleton distingue claramente entre o pós-moderno entendido como uma tendência nas artes ou um sistema de idéias herdadas, explicando que sua preocupação é exclusivamente com este último. Examina então, um após outro, os tropos-padrão de uma retórica antiessencialista, antifundamentalista – rejeição de qualquer idéia de natureza humana, concepção da história como processo aleatório, equiparação de classe a raça ou sexo, renúncia à totalidade e à identidade, especulações de um sujeito indeterminado – e com delicada precisão desmonta cada um. Raramente houve uma dissecação tão eficaz e abrangente do que se poderia chamar, sardonicamente adaptando Gramsci a Johnson, o *nonsense* comum da época.

Mas o alvo de Eagleton não é apenas um monte de tolices. Ele também situaria a ideologia do pós-modernismo historicamente. O capitalismo avançado, a seu ver, requer dois sistemas contraditórios de justificação: na ordem política, uma metafísica de verdades pessoais duradouras – o discurso da soberania e da lei, do contrato e da obrigação –, e, na ordem econômica, uma casuística das preferências individuais por modas e gratificações de consumo em perpétua mudança. O pós-modernismo dá expressão paradoxal a esse dualismo, pois enquanto seu desprezo do sujeito centrado em favor das digressões erráticas do desejo combina com o hedonismo amoral do mercado, sua rejeição de quaisquer valores fundamentados ou verdades objetivas solapa as legitimações dominantes do Estado. O que explica tal ambivalência? Aqui o relato de Eagleton vacila. Seu estudo começa com a mais sólida leitura tentada até hoje do pós-modernismo como produto da derrota política da esquerda – uma "repulsa definitiva".[40] Mas é apresentado como uma parábola brincalhona e não como uma efetiva reinterpretação. Pois, com característica simpatia, Eagleton sugere que o pós-modernismo não pode ser reduzido a isso: trata-se também do aparecimento no palco teórico de minorias humilhadas e de uma "verdadeira revolução" do pensamento sobre o poder, o desejo, a identidade e o corpo, sem cuja inspiração é doravante inimaginável qualquer política radical.[41]

A ambivalência ideológica do pós-moderno deve portanto ser relacionada a um contraste histórico: esquematicamente, a derrota do operariado organizado e da revolta estudantil terminando numa acomodação ao mercado e a ascensão dos humilhados e ofendidos levando a um questionamento político da moralidade e do Estado. Algo desse paralelismo está sem dúvida latente no estudo de Eagleton. Mas não é nunca propriamente explicitado, e a razão se deve a um equívoco de partida. Em função disso, parece haver pouco em comum entre as duas evoluções de fundo atribuídas ao pós-modernismo: uma martelada em um capítulo inicial e que cria o cenário de todo o livro, a outra constituindo – por assim dizer – uma alusiva compensação disso em uns poucos parágrafos. A realidade política sugeriria que esse equilíbrio era de bom senso, mas ele não se acomoda facilmente à noção de ambivalência, que implica uma paridade de efeito. Talvez ciente dessa dificuldade, Eagleton momentaneamente tira com uma mão o que dá com a outra. A fábula da derrota política termina com "a mais bizarra de todas as possibilidades", ao indagar: "*e se essa derrota, para início de conversa, jamais tivesse ocorrido realmente?* E se tivesse menos a ver com a ascensão e o recuo forçado da esquerda e mais com uma firme desintegração, uma gradual perda de vigor, uma paralisia progressiva?" Se fosse esse o caso, então o equilíbrio entre causa e efeito seria restaurado. Mas, embora tentado por essa fantasia confortadora, Eagleton é lúcido demais para insistir nisso. O livro termina como começa, "pesaroso, com um tom mais ameaçador": a ilusão, e não o equilíbrio, constitui a base do pós-moderno.[42]

O complexo discursivo que é objeto da crítica de Eagleton é, como ele observa, um fenômeno que pode ser tratado separadamente das formas artísticas do pós-modernismo – a ideologia enquanto distinta da cultura, numa aceitação tradicional desses termos. Mas, é claro, em sentido mais amplo as duas coisas não podem ser claramente separadas. Como se poderia então conceber sua relação? O *credo* do pós-moderno é definido, como Eagleton mostra efetivamente, por uma afinidade primordial com o catecismo do mercado. O que estamos vendo na prática, portanto, é a contrapartida do "infra" – como corrente dominante da cultura pós-moderna – no campo da ideologia. É espantoso como Jameson se ocupou tão pouco disso. Mas se nos perguntarmos onde encontrar a antítese da teoria do "ultra", a resposta não está longe. Muitas vezes se observou que as artes pós-modernas quase se assemelhavam aos manifestos que pontilharam a história do modernismo. Isso pode ser exagerado, como nos exemplos de Kosuth e Koolhaas citados acima, mas se programas estéticos podem ainda com certeza ser encontrados – embora hoje mais como expressão individual que coletiva –, o que indubitavelmente falta é uma visão revolucionária do tipo articulado pelas vanguardas históricas. O situacionismo, que previu tantos aspectos do pós-moderno, não teve seqüelas dentro dele.

O exemplo teórico que a forma de vanguarda representou não desapareceu, no entanto. Em vez disso, sua função mudou. Pois o que mais significa a própria teorização de Jameson sobre o pós-modernismo? Na época do modernismo, a arte revolucionária gerou sua próprias definições do presente e insinuações do futuro, enquanto seus praticantes eram na maioria vistos de maneira cética ou, no máximo, seletiva pelos pensadores políticos e filosóficos de esquerda. A frieza de Trotsky com o futurismo, a resistência de Lukács ao *Verfremdung* [distanciamento] brechtiano, a aversão de Adorno ao surrealismo foram características dessa conjuntura. No período pós-moderno, houve uma inversão de papéis: não faltam tendências radicais nas artes que reivindicam ou desenvolvem a herança das vanguardas. Mas, sem dúvida em parte por causa da desnorteante coexistência com o inframoderno, de que não há precedentes, essa cultura "ultramodernista" não produziu uma definição confiante da época ou um sentido de direção geral. Esse foi o feito da teoria de Jameson sobre o pós-moderno. Aí, comparativamente, é que se verificam a ambição crítica e o *élan* revolucionário da vanguarda clássica. No seu registro, a obra de Jameson pode ser vista como o único equivalente contínuo de todas as meteorologias apaixonadas do passado. O totalizador é agora externo, mas o deslocamento pertence ao momento histórico que a própria teoria explica. O pós-modernismo é a lógica cultural de um capitalismo não disposto para o combate, mas de uma complacência sem precedentes. A resistência só pode começar encarando esta ordem tal como ela é.

Alcance

As vanguardas clássicas permaneceram ocidentais, mesmo que movimentos heterodoxos do modernismo de que constituíam uma corrente buscassem volta e meia inspiração no Oriente, na África e na herança indígena americana. O alcance da obra de Jameson ultrapassa essa fronteira ocidental. Mas podemos perguntar se, ao fazê-lo, mesmo assim ainda projeta um universo cultural excessivamente homogêneo no geral, modelado em essência no sistema norte-americano. "O modernismo", escreve Peter Wollen, "não está sendo sucedido por um totalizante pós-modernismo ocidental, mas por uma nova estética híbrida na qual novas formas de comunicação e exibição estarão sendo constantemente confrontadas por novas formas vernáculas de invenção e expressão" para além do "sufocante discurso europeu" do último modernismo e também do pós-modernismo.[43] O mesmo tipo de objeção adquire forma mais doutrinária no corpo da "teoria pós-colonial". Esse corpo crítico desenvolveu-se desde meados da década de 80, no geral como reação direta à influência de idéias de pós-modernismo nos países metropolitanos, e em especial à interpretação de Jameson.

O ponto principal da acusação à sua teoria é que ela ignora ou omite práticas periféricas que não apenas não podem ser acomodadas dentro das categorias do pós-moderno como positivamente as rejeitam. Para esses críticos, a cultura pós-colonial é intrinsecamente mais contestadora e muito mais política que o pós-modernismo de centro. Desafiando as arrogantes pretensões da metrópole, ela tipicamente não hesita em apelar para suas próprias formas radicais de representação ou realismo, proscritas pelas convenções pós-modernas. Os defensores da cultura pós-colonial "querem de uma vez por todas nomear e rejeitar o pós-modernismo como neo-imperialista". Pois "o conceito de pós-modernidade foi construído em termos que mais ou menos intencionalmente eliminam a possibilidade de identidade pós-colonial" – isto é, a necessidade das vítimas do imperialismo ocidental de adquirir uma noção de si mesmas "não contaminada por conceitos e imagens universalistas ou eurocêntricos".[44] Para isso o que exigem não são as perniciosas categorias de um marxismo ocidental totalizante, mas as discretas genealogias de, digamos, Foucault.

A teoria pós-colonial já atraiu uma série de réplicas poderosas, que seria supérfluo repetir aqui.[45] A própria noção de "pós-colonial", tal como é tipicamente usada nessa literatura, é tão elástica que perde praticamente todo o gume crítico. Temporalmente, insistem seus defensores, a história pós-colonial não se confina ao período pós-independência dos Estados outrora colonizados – designa, sim, toda a sua experiência desde o momento da própria colonização. Espacialmente, não se restringe a terras conquistadas pelo Ocidente, estendendo-se àquelas ocupadas por ele, de modo que, por uma lógica perversa, mesmo os Estados Unidos, o próprio ápice do neo-imperalismo, se tornam uma sociedade pós-colonial em busca de sua identidade inviolada.[46] Essa dilatação do conceito, que tende a esvaziá-lo de toda importância operacional, sem dúvida deve muito a suas origens geopolíticas – que estão não onde era de se esperar, na Ásia ou na África, mas nos antigos Domínios Brancos: Nova Zelândia, Austrália, Canadá –, e talvez um pouco também a suas origens intelectuais: vem logo à mente a banalização do poder na superexpansão do conceito empreendida por Foucault. Em todo caso, uma concepção tão elástica do pós-colonial dificilmente pode atingir o alvo.

Uma formulação mais razoável do termo usa o prefixo de forma menos descuidada, para denotar um período histórico em que de fato ocorreu a descolonização, mas no qual persiste a dominação neo-imperialista – baseada não mais na força militar mas em formas de consentimento ideológico que pedem novos tipos de resistência política e cultural.[47] Essa versão da idéia de pós-colonialismo reflete claramente mais da realidade do mundo contemporâneo, mesmo que a segunda parte do termo ainda não atinja plenamente o alvo, uma vez que grandes Estados como a China – o objeto específico dessa interpretação – ou o Irã nunca foram colonizados e a maior parte da América Latina tornou-se independente há quase dois séculos. Mas na sua insistência sobre a força de penetração do mercado nas culturas populares fora da área central do capitalismo avançado, ela em muito se assemelha – em vez de se opor – à descrição de Jameson para o impacto do pós-modernismo; de fato, no nível do detalhe, expressamente a confirma. Assim, também, a vitalidade das formas mutantes de realismo nas artes da periferia – onde, digamos, o emprego de motivos mágicos pode ser visto como um típico recurso "dos fracos às armas" – com seu efeito desestabilizador, para o qual os críticos pós-coloniais apontam legitimamente, não contradiz a configuração central. Aí, afinal, o pós-modernismo sempre incluiu, especialmente em seus declives, certos apelos realistas e não teve dificuldade em incorporar a eles desvios sobrenaturais.

Uma objeção mais substancial ao argumento de Jameson de um predomínio global do pós-moderno vem não de pretensões pós-coloniais, mas simplesmente da própria ausência de uma plena modernização capitalista em tantas áreas do antigo Terceiro Mundo. Em condições nas quais os elementos mínimos da modernidade – alfabetização, indústria, mobilidade – ainda são basicamente ausentes ou estão presentes apenas de forma irregular, como pode ter sentido a pós-modernidade? É um longo caminho desde as lojas sofisticadas das metrópoles até o deserto de Takla Makan ou o rio Irrawaddy. O argumento de Jameson, no entanto, não depende de nenhuma alegação – obviamente absurda – de que o capitalismo contemporâneo criou um conjunto homogêneo de circunstâncias sociais ao redor do mundo. O desenvolvimento desigual é inerente ao sistema, cuja "nova e abrupta expansão" eclipsou "também de modo desigual" formas mais antigas de desigualdade e multiplicou novas formas que "ainda não compreendemos bem".[48] A questão real é se essa desigualdade é grande demais para embasar uma lógica cultural comum.

O pós-modernismo surgiu como um dominante cultural em sociedades capitalistas de riqueza sem precedentes e com índices bastante elevados de consumo. O primeiro reconhecimento de Jameson ligou-o diretamente a essas sociedades e desde então insistiu mais ainda nas suas específicas origens americanas. Não seria portanto razoável pensar que nas sociedades com níveis de consumo bem mais baixos e um estágio de desenvolvimento industrial bem menos avançado prevaleceria provavelmente uma configuração mais próxima do modernismo, tal como floresceu outrora no Ocidente? Era uma hipótese que a mim, de qualquer forma, atraía.[49] Nessas condições, não seria de esperar um acentuado dualismo de formas elevadas e baixas, comparável à divisão européia entre vanguarda e cultura de massa, possivelmente com um abismo ainda maior entre elas? O caso do cinema indiano parece exemplar: o contraste entre os filmes de Satyajit Ray e a avalanche de gêneros musicais dos estúdios de Bombaim é tão claro quanto outros contrastes no mundo desenvolvido. Mas esse, naturalmente, é um exemplo de um mercado nacional extremamente protegido dos anos 60. Hoje, os sistemas de comunicação global garantem um grau incomparavelmente maior de penetração cultural dos antigos Segundo e Terceiro Mundos pelo Primeiro. Nessas condições, a influência das formas pós-modernas é inevitável – na arquitetura de cidades como Xangai ou Kuala Lumpur, nos espetáculos artísticos de Caracas ou Pequim, nos romances e filmes de Moscou a Buenos Aires.

Influência, no entanto, não é necessariamente predomínio. A presença de importantes grupos de artistas ou de edifícios cujas referências são claramente pós-modernas não garante qualquer hegemonia local. Nos termos que o próprio Jameson utiliza, repetindo Raymond Williams, o pós-moderno poderia muito bem ser apenas "emergente" – em vez de ser o moderno "residual". Essa, certamente, é a visão de um crítico sensato como Jonathan Arac ao analisar essas questões em um país onde são discutidas de forma mais acalorada que em qualquer outro lugar atualmente – a República Popular da China.[50] Com ainda quase um bilhão de pessoas em território chinês, é difícil contestar essa conclusão. Jameson poderia retrucar que a hegemonia global do pós-moderno é apenas isso – um predomínio claro em nível mundial, que não exclui um papel secundário em nível nacional em nenhum caso. Como quer que seja, há outra consideração que deve ser pesada: a cultura pós-moderna não é apenas um conjunto de formas estéticas, é também um pacote tecnológico. A televisão, que foi tão decisiva na passagem para uma nova época, não tem passado modernista, e tornou-se o mais poderoso meio de todos no próprio período pós-moderno. Mas esse poder é muito maior – muito maior que o impacto de todos os outros somados – no antigo Terceiro Mundo que no próprio Primeiro.

Esse paradoxo deve descartar um desprezo apressado da idéia de que os meros mortais também entraram no reino do espetáculo. É improvável ficar isolado. Pois logo adiante está o impacto das novas tecnologias da simulação – ou prestidigitação – cujo advento é bastante recente mesmo nas culturas ricas. Agora temos delas um diorama estranhamente augusto no notável *Gargântua,* de Julian Stallabrass. Aqui, de modo bastante inesperado, atendeu-se ao apelo de Jameson para uma continuação da "indústria cultural" de Adorno e Horkheimer que consignasse formas subseqüentes de manipulação. Nenhuma obra desde aquela famosa análise rivalizou tanto com sua ambição ou representou uma sucessão tão apropriada; embora aqui a influência compensatória de Benjamin desvie um projeto adorniano do declaradamente sistemático para um plano fenomenal mais pontilhista. Stallabrass examina a fotografia digital, a comunicação no ciberespaço e os jogos de computador – assim como uma paisagem mais familiar, de automóveis, *shoppings*, *graffiti*, detritos, a própria televisão – como prefigurações de uma futura cultura de massas que, apagando completamente as fronteiras entre o percebido e o representado, ameaça suplantar o próprio espetáculo tal como conhecido até aqui. Com essa evolução, as novas técnicas invocam a possibilidade de um universo auto-afirmativo de simulação capaz de encobrir – e assim isolar – a ordem do capital de modo mais completo que nunca. Uma calma gravidade de tom e uma precisão do detalhe caracterizam esse argumento intempestivo.

Mas a sua lógica está em desacordo com a sua estrutura em um importante aspecto. Stallabrass tem pouco a ver com qualquer discurso do pós-moderno, apegando-se a uma separação radical das áreas ricas e pobres do mundo – que à cultura de massas cabe, como uma de suas funções cruciais, mascarar, segundo ele.[51] Mas uma dedução mais plausível aponta na direção contrária. As tecnologias que ele explora são, tanto pela oportunidade quanto pelo efeito, eminentemente pós-modernas, se é que o termo tem algum significado; e com certeza não ficarão confinadas ao Primeiro Mundo, como ele às vezes parece supor. Os jogos de computador já têm um mercado próspero no Terceiro Mundo. Também aí, como acontece com a televisão, o advento de novos tipos de conexão e simulação tenderá a unificar e não a dividir os centros urbanos do próximo século, mesmo com as grandes diferenças de renda média. Enquanto prevalecer o sistema do capital, cada novo avanço da indústria da imagem aumenta o raio de alcance do pós-moderno. Nesse sentido, pode-se dizer, seu predomínio global está praticamente predestinado.

A demonstração de Jameson se dá num outro nível: para ele, como sempre, a prova dos nove está nas próprias práticas culturais. A proeminência de um pós-moderno que não é mais ocidental pode ser julgada pelas obras exemplares da periferia. O formato modernista e a determinação moral de *Os moedeiros falsos* de Gide servem de marcos para sua impressionante transformação contemporânea no *Terrorista* de Edward Yang e sua relação com a nova onda de filmes de Taiwan que formam, na opinião de Jameson, "um ciclo encadeado mais satisfatório para o espectador que qualquer cinema nacional que eu conheço (salvo talvez as produções francesas dos anos 20 e 30)". De modo parecido, a concepção brechtiana de *Umfunktionierung* [antifuncionalidade] é adaptada de forma imprevisível na "nobre hilaridade" de *Pesadelo perfumado*, de Kidlat Tahimik, onde as oposições-padrão do nacionalismo cultural – Primeiro e Terceiro Mundos, velho e novo – são deformadas em compostos arruinados, tão engenhosamente resistentes quanto o próprio *jeepney* filipino.[52]

Seria difícil imaginar simpatias menos eurocêntricas que essas ou mais congruentes com as preocupações de Wollen. Na verdade, os pintores zairenses ou músicos nigerianos com os quais *Raiding the Icebox* termina, criativos inventores de uma "arte paraturística" inseparável dos efeitos da viagem pós-moderna, ensinam a mesma lição: que "a escolha entre um autêntico nacionalismo e uma modernidade homogeneizante ficará cada vez mais fora de moda".[53] A ênfase final dos dois críticos é sobre os mesmos sintomas de esterilidade e provincianismo nas metrópoles, notações de imaginativa renovação na periferia. O pós-moderno pode também significar isso. "É porque no capitalismo avançado e no seu sistema mundial até o centro é marginalizado", escreve Jameson, que "expressões do marginalmente desigual e do desigualmente desenvolvido resultantes de uma experiência recente do capitalismo são com freqüência mais intensas e poderosas" e "acima de tudo mais profundamente sintomáticas e significativas que tudo o que o centro fragilizado ainda se acha capaz de dizer".[54]

Política

Desenvolvimento desigual: significado sintomático. São termos de arte que nos levam a uma encruzilhada final na obra de Jameson. No começo de seu primeiro livro importante, *Marxism and Form*, lê-se uma epígrafe de Mallarmé: "*il n'existe d'ouvert à la recherche mentale que deux voies, en tout, où bifurque notre besoin, à savoir, l'esthétique d'une part et aussi l'économie politique.*"[55] [Abrem-se à pesquisa mental apenas duas vias ao todo, onde se bifurca a nossa necessidade, a saber, de um lado, a estética e, de outro, a economia política.] Reiterando-a em *Postmodernism* como o próprio emblema do seu empreendimento, Jameson glosou a máxima como uma "percepção partilhada pelas duas disciplinas do imenso movimento dual de um plano da forma e um plano do conteúdo"[56] – o acordo secreto de Hjelmslev e Marx. O sentido em que a obra de Jameson pode ser vista como uma culminação da tradição marxista ocidental foi indicado acima. A longa seqüência dessa tradição foi sempre estética e Jameson fez um extraordinário jogo com ela. Mas subjacente às investigações estéticas dessa linha de pensadores sempre esteve, claro, um conjunto de categorias econômicas derivadas do *Capital*, informando o enfoque e direção que adotaram. A obra de um Lukács ou Adorno seria impensável sem essa referência constante e imanente. Ao mesmo tempo, a tradição marxista ocidental não produziu um desenvolvimento significativo no campo da economia política tal como entendido por Marx – ou Rosa Luxemburgo ou Hilferding. Nisso ela se apoiou em um legado intelectual que não ampliou. Uma tradição clássica alternativa que procurou continuar a análise econômica marxista até a época da Grande Depressão foi no geral ignorada. No final da Segunda Guerra Mundial essa linha tinha desaparecido.

Assim, vinte anos depois, no auge do *boom* econômico do pós-guerra, quando Jameson começava a escrever, o divórcio entre as dimensões estética e econômica de uma cultura de esquerda chegara ao máximo. A própria obra de Jameson seguiu a grande tradição estética. Mas quando a tradição econômica foi ressuscitada no começo dos anos 70, no momento em que o capitalismo mundial começou a deslizar numa longa onda recessiva, Jameson reagiu de modo impressionante, ativo e criativo. Sempre se destacou o papel decisivo do *Capitalismo avançado* de Ernest Mandel em estimular essa sua guinada para uma teoria do pós-modernismo. Não foi uma influência ocasional. Em *A guinada cultural* Jameson havia desenvolvido de forma notável a sua abordagem do pós-moderno com uma original apropriação de *Longo século XX*, de Giovanni Arrighi, cuja síntese de Marx e Braudel oferece a mais ambiciosa interpretação da história geral do capitalismo tentada até hoje. Aqui, a dinâmica do capital financeiro no "plano do conteúdo" produz um movimento de fragmentação no "plano da forma", que se pode acompanhar em toda a extensão desde a pré-estréia cinematográfica até as modernas colagens do lugar-comum. Em cada caso, o referencial econômico funciona não como um apoio externo mas como um elemento interno da própria construção estética. O texto final do mesmo volume, "O tijolo e o balão", toma um caminho em que *Limites do capital*, de David Harvey, poderia desempenhar um papel semelhante.[57]

As duas vias de Mallarmé assim se reencontram. Mas se o objetivo é uma continuação do projeto de Marx num mundo pós-moderno, a estética e a economia são as únicas linhas a seguir? E onde fica a política? Seu rasto não é esquecido na máxima inspiradora. Mallarmé fala, afinal, não de economia, mas de economia política. Esse termo canônico, no entanto, é menos inequívoco do que parece. Originalmente usado para designar os sistemas clássicos de Smith, Ricardo e Malthus, foi precisamente objeto da crítica de Marx; mas quando as teorias neoclássicas de Walras, Jevons e Menger viraram ortodoxias, com a revolução marginalista, o próprio Marx foi assimilado aos seus antecessores, com os quais havia rompido, e a tantos outros fósseis da pré-história da disciplina, com a crítica da economia política se resumindo apenas a seu último e dogmático capítulo. Em reação a isso, futuros marxistas com freqüência reivindicariam a tradição como deles, em oposição ao formalismo da economia "pura" codificada pelos herdeiros dos pensadores neoclássicos. Mas, enquanto tal, continuou sendo uma categoria residual – "política" apenas na medida em que ultrapassava o cálculo do mercado, com uma referência social que do contrário se deixava indeterminada. Esse sentido frágil nunca foi suficiente para definir o legado específico de Marx.

Mas se o adágio poético não deixa espaço livre para o político, este aparece com destaque alhures, no título da obra teórica mais sistemática de Jameson no campo da própria literatura. *The Political Unconscious* abre com estas palavras: "este livro questionará a prioridade da interpretação política dos textos literários. Ele concebe a perspectiva política não como um método suplementar, não como um auxiliar opcional para outros métodos interpretativos correntes – o psicanalítico ou o mitocrítico, o estilístico, o ético, o estrutural –, mas como um horizonte absoluto de toda leitura e de toda interpretação." Jameson nota que essa posição parecerá extrema. Mas seu significado é explicado algumas páginas adiante, com a declaração: "não há nada que não seja social e histórico – com efeito, tudo é 'em última instância' político."[58] Esse é o sentido abrangente do termo que dá sua força ao título do livro. Dentro da estratégia interpretativa que segue há, no entanto, um outro espaço menor do político, entendido num sentido mais restrito. Dessa forma Jameson argumenta que há "três molduras concêntricas que marcam o sentido do fundamento social de um texto, através das noções, primeiro, de história política, no sentido estrito de ocorrências no tempo, de eventos pontuais de uma crônica; depois, de sociedade no sentido hoje menos diacrônico e confinado ao tempo de uma tensão e luta constitutivas entre classes sociais; e, por fim, de história, hoje concebida no seu sentido mais amplo de seqüência de modos de produção, de sucessão e destino das várias formações sociais humanas, desde a vida pré-histórica até o que o longínquo futuro nos reserva."[59]

Aqui há uma clara hierarquia, que vai do fundamental ao superficial: econômico → social → político. Neste último nível "a história é reduzida" – o verbo indica o que provavelmente virá a seguir – "à agitação diacrônica do ano-a-ano, aos anais e crônicas da ascensão e queda dos regimes políticos e modas sociais, ao imediatismo apaixonado das lutas entre indivíduos históricos".[60] O que isso lembra, talvez mais do que tudo, é a definição de Braudel para *l'histoire événementielle* [a história factual] no seu famoso amarrado de tempos históricos – essa espuma evanescente de episódios e incidentes que ele compara a um surfe nas ondas da África que quebram desde tempos imemoriais nas praias da Bahia sob a pálida luz das estrelas. As similaridades formais entre os dois esquemas tripartites, que se ajustam mais à ênfase geográfica que à econômica de *l'histoire immobile*, são bem evidentes. O que parecem partilhar é uma reserva em relação ao político concebido de modo estrito, isto é, como um domínio independente de ação, prenhe das suas próprias conseqüências.

No caso de Braudel, essa reticência é coerente com toda a estrutura e programa de sua obra. No caso de um marxista, é duvidoso se poderia ser da mesma forma. Jameson, no entanto, apresentou razões pelas quais devia ser. No seu texto mais calculadamente chocante, ele sugere que há uma natural afinidade entre uma das versões mais extremadas do neoliberalismo – a modelação universal do comportamento humano como maximização utilitária pelo economista Gary Becker, de Chicago – e o socialismo, na medida em que ambos descartam a necessidade de um pensamento político. "A queixa tradicional contra o marxismo de que lhe falta uma reflexão política autônoma", escreve ele, "tende a impressionar as pessoas como uma força e não uma fraqueza." Porque o marxismo não é uma filosofia política e, embora "haja certamente uma prática política marxista, o pensamento político marxista, quando não é prático nesse sentido, trata exclusivamente da organização econômica da sociedade e de como as pessoas cooperam para organizar a produção". A crença neoliberal de que no capitalismo apenas o mercado importa é assim prima consangüínea da opinião marxista de que o que conta no socialismo é o planejamento: nenhuma das duas tem tempo para distinções políticas próprias. "Temos muito em comum com os neoliberais, na verdade praticamente tudo, salvo o essencial!"[61]

Por trás da alegre provocação dessas linhas há uma convicção de princípio – não é por acaso que a fórmula de Mallarmé reaparece justo aqui.[62] Mas elas também correspondem a um senso de prioridades imediatas. Retornando a seu esquema tripartite no final de *The Geopolitical Aesthetic*, Jameson diz que no filme de Tahimik é instrutiva "a maneira pela qual a dimensão econômica tem precedência sobre uma dimensão política que não é deixada de lado ou reprimida mas que no momento considerado tem posição e papel subordinados". Por isso é uma lição geral da época. Na atual conjuntura da pós-modernidade, "nossa tarefa mais urgente será denunciar incansavelmente as formas econômicas que por enquanto reinam absolutas e incontestadas" – "uma coisificação e mercantilização que se tornaram tão universalizadas que parecem entidades quase naturais e orgânicas".[63] Mesmo a própria política de libertação nacional só pode se inscrever nessa luta mais ampla.

O programa teórico de Jameson – que devemos considerar, de acordo com sua epígrafe, de um simbolismo materialista – foi assim de uma formidável consistência. Sua coerência pode ser verificada, ao contrário, pela única ausência significativa na sua apropriação do repertório marxista ocidental. Pois a essa tradição não faltou um momento político supremo. Antonio Gramsci é o grande nome essencialmente ausente da lista de chamada de *Marxism and Form*. Em parte isso se deve sem dúvida à posição marginal da Itália no impressionante usufruto que Jameson faz dos recursos culturais europeus como um todo, com a França, a Alemanha e a Inglaterra como pontos de referência. Mas também ao fato de a obra de Gramsci, criação de um líder comunista preso que reflete sobre a derrota de uma revolução e os caminhos para a possível vitória de outra, não se encaixar na bifurcação do estético e do econômico. Foi uma obra eminentemente política, como teoria do Estado e da sociedade civil, e uma estratégia para sua transformação qualitativa. Esse corpo de idéias é deixado de lado na extraordinária retomada do marxismo ocidental por Jameson.

Quem pode dizer que a sua intuição estava errada? Hoje é bem evidente para todos que a grandeza do marxista sardo encalhou em meio ao impasse da tradição intelectual que ele representou. A corrente da história passou alhures. Se os legados de Frankfurt, Paris ou Budapeste continuam mais acessíveis, é também porque foram menos políticos, ou seja, sujeitos às "contingências e reviravoltas" peculiares à *histoire événementielle* tal como Jameson a viu.[64] A purificação do marxismo ocidental com a estética e a economia foi, do modo como as coisas estão, vingada. A teoria do pós-modernismo como lógica cultural do capitalismo avançado é o seu fascinante produto. Mas, ao mesmo tempo, precisamente aqui o impedimento político coloca um paradoxo. Jameson concebe o pós-moderno como esse estágio do desenvolvimento capitalista em que a cultura se torna com efeito coextensiva à economia. Qual é, então, a postura adequada para o crítico dentro dessa cultura? A resposta de Jameson baseia-se numa tripla diferenciação. Há o gosto ou opinião, isto é, um conjunto de preferências subjetivas – em si mesmas de pouco interesse – por obras de arte específicas. Depois há a análise ou o estudo objetivo das "condições históricas de possibilidade de formas específicas". Por fim há a avaliação, que não envolve nenhum julgamento estético no sentido tradicional, mas busca em vez disso "interrogar a qualidade da vida social através do texto ou da obra de arte específica ou arriscar um juízo dos efeitos políticos das correntes ou movimentos culturais com menos utilitarismo e mais simpatia pela dinâmica da vida cotidiana que os *imprimaturs* e índices expurgatórios de tradições anteriores".[65]

Embora confesse alguns entusiasmos pessoais como consumidor de cultura contemporânea, Jameson não lhes dá qualquer importância especial. A tarefa da análise histórica e formal, por outro lado, constituiu a maior parte da sua obra teórica e crítica – articulada de modo mais sistemático em *The Political Unconscious*. E quanto à avaliação? Se dermos uma olhada em *Postmodernism*, o que acharemos são quadros inesquecíveis da qualidade de vida sob a forma histórica, com "seu quociente interno de miséria e o potencial decisivo de transfiguração física e espiritual que ela também permite ou conquista".[66] Mas encontramos muito menos aferição dos "efeitos políticos dos movimentos culturais". Os Novos Movimentos Sociais de fato aparecem, como um *topos* agora padrão, na investigação de Jameson sobre o pós-moderno, e são vistos com simpatia, mas há também um cauteloso alerta contra as infladas alegações a seu favor. São invocados, porém, sem detalhe ou diferenciação, talvez porque não sejam de modo algum em primeira instância – como seu nome indica – movimentos culturais *stricto sensu*. Um caso mais adequado é o do conceitualismo anti-institucional de artistas como Haacke, cuja estratégia de "solapar a imagem com a própria imagem" é captada graficamente, ainda que de modo sumário.[67] Mas essa é uma referência relativamente isolada, que apenas sublinha o fato de que não há muitas outras.

Mas não será isso, poderão perguntar, um reflexo preciso da efetiva escassez de movimentos culturais de oposição – ou mesmo de muitas posições – no pós-modernismo? Sem dúvida o eclipse das vanguardas organizadas e o declínio da política de classe que constituiu o seu mais amplo *background* histórico são registrados de forma poderosa nessas mesmas páginas. Mas parecem insuficientes por si – pois nem um nem outro são absolutos – para explicar a distância entre promessa e entrega. Aqui pode estar atuando uma dificuldade mais profunda. O casamento da estética com a economia celebrado por Jameson permite uma maravilhosa totalização da cultura pós-moderna, cuja operação de "mapeamento cognitivo" age – e essa é a sua intenção – como um marco de resistência dialética a ela. Mas seu ponto de alavanca continua necessariamente, nesse sentido, fora do sistema. Dentro do sistema Jameson estava mais preocupado em monitorar que em julgar. Nesse nível, foi coerente em alertar para o perigo de uma denúncia fácil demais de formas ou tendências específicas, como arapucas de um moralismo estéril. O que não significa, por outro lado, qualquer concessão ao populismo, pelo qual Jameson nunca teve muita inclinação. Aí sua censura aos estudos culturais pode ser vista como um lema geral: "a padronização do consumo é como uma barreira sonora que confronta a euforia do populismo como um fato da vida e uma lei física nas camadas superiores do sistema."[68]

Mas permanece o fato de que *Postmodernism* não tem nenhum ataque decidido a uma obra ou movimento específicos dentro da cultura que retrata, no sentido convencional do termo. Em parte, é sem dúvida uma questão de economia psíquica – esse tipo de coisa, afinal, nunca atraiu muito as energias de Jameson; cada um segundo o seu temperamento. Mas que aí também está em jogo uma questão teórica pode-se deduzir, talvez, de uma significativa tensão – muito incomum em Jameson – na maneira de lidar com um tema de importância central no seu pensamento, a saber, o desejo utópico. A oscilação apontada por Peter Fitting é essa.[69] Por um lado, ele insistiu – é um dos seus temas mais nítidos e ousados – que os impulsos utópicos são inerentes também aos produtos coisificados da cultura comercial de massas, uma vez que estes produtos "não podem ser ideológicos sem ao mesmo tempo serem implícita ou explicitamente utópicos também; eles só podem manipular se oferecerem alguma migalha autêntica de conteúdo como fantasia sedutora ao público a ser manipulado" – uma sedução que consiste em alguma representação, não importa o quão distorcida ou oculta, de uma ordem coletiva redimida. A essa função Jameson chama de seu "potencial transcendente – essa dimensão mesmo da mais degradada cultura de massa" que permanece "negativa e crítica da ordem social da qual deriva como produto e mercadoria".[70] Os filmes que ilustram esse argumento são *Tubarão* e *O Poderoso Chefão*.

Por outro lado, as representações da utopia propriamente dita na alta cultura – de Thomas Morus a Platonov e LeGuin – visam invariavelmente a demonstrar que isso é exatamente o que não podemos imaginar. "O tema mais profundo da utopia" vem a ser "precisamente nossa incapacidade de concebê-la, de produzi-la como visão, nosso fracasso em projetar o Outro daquilo que é; um fracasso que, como acontece com os fogos de artifício dissolvendo-se no céu noturno, mais uma vez nos deixa sozinhos com *esta* história."[71] Essa impotência, insiste Jameson, é constitucional. O que a cultura de massa pode intimar não pode ser incorporado pela ficção utópica. Há uma dimensão comum entre *Independence Day* e *Chevengur* ou trata-se de uma aporia? O ponto mais relevante, talvez, encontra-se alhures. Nenhum critério político é oferecido para discriminar diferentes representações do desejo utópico, seja em roupagem comercial ou na imaginação profética. Mas como é que tais formas podem ser separadas de seu conteúdo – o formato de um sonho político? Podem ser evitados julgamentos entre elas? Aqui, colocado da forma mais aguda, está o problema mais geral apresentado pela situação do pós-moderno entre a estética e a economia.

Pois falta nessa bifurcação um sentido de cultura como campo de batalha que divide seus protagonistas. Esse é o plano da política, entendida como espaço próprio. Não temos que ceder a tentações sectárias dentro do marxismo ou a concepções requentadas de vanguarda para perceber isso. Tal compreensão remonta a Kant, para quem a própria filosofia era uma *Kampfplatz* [praça de guerra], noção que estava no ar do Iluminismo alemão, cuja teorização militar viria uma geração depois, com Clausewitz. Foi um grande pensador da direita que deu expressão conseqüente a essa ênfase no campo da política: a definição de Schmitt do político como inseparável de uma divisão entre aliado e adversário não é, naturalmente, exaustiva. Mas dificilmente se pode duvidar que ela capta uma dimensão inexpugnável de toda política; e é esse sentido do político que tem a ver com a cultura do pós-moderno. Lembrar isso não é fazer nenhuma intromissão. O estético e o político não devem certamente ser igualados e confundidos. Mas se podem ser mediados é porque têm algo em comum. Ambos estão intrinsecamente comprometidos com o julgamento: a discriminação entre obras de arte, formas de Estado. Num e noutro campo, abster-se de criticar equivale a aprovar. O pós-modernismo, como o modernismo, é um campo de tensões. A divisão é uma condição inevitável do compromisso com ele.

É exatamente o que se pode perceber pelos textos de Jameson, desde *Postmodernism*, à medida que seu trabalho sobre o pós-moderno foi se tornando bem mais incisivo. Pois o que descrevem, com efeito, é uma involução. O pós-modernismo, sugere Jameson então, já pode ter um período definido. Depois da primeira liberação criativa nos anos 70 – esse "trovejante desbloquear de energias" sobre cujo alívio escreveu inicialmente[72] – seguiu-se uma visível regressão no período mais recente, delineada nos ensaios sobre o "Fim da arte" e as "Transformações da imagem" em *A guinada cultural*. Por um lado, a liberação do pós-moderno dos laços do moderno Sublime ("que habita entre monumentos mortos"), originalmente uma emancipação, tendeu a degenerar num novo culto do Belo que representa uma "colonização da realidade geralmente por formas espaciais e visuais" que é também uma "mercantilização dessa mesma realidade intensamente colonizada em escala mundial".[73] Com seu degradado esteticismo, a arte parece afundar novamente numa condição culinária. Ao mesmo tempo, a libertação intelectual produzida pelo advento da Teoria, como uma ruptura das barreiras entre disciplinas calcificadas e a emergência de estilos mais ambiciosos e inesperados de pensamento, sofreu também uma regressão. Pois a última fase viu uma reinstauração de todas as ultrapassadas autarquias que os impulsos indiferenciadores do pós-modernismo tentaram varrer do mapa, a começar pela ética e a estética mesmas.

Essa recidiva, para Jameson, não é irreversível: o espírito pós-moderno podia dar outras guinadas. Mas se perguntarmos a que corresponderia a avalanche cultural que ele critica, a resposta é cronologicamente clara. Quando Jameson começou a escrever sobre pós-modernismo no início dos anos 80, os regimes de Reagan e Thatcher já ditavam o passo no Ocidente, a URSS dava os últimos suspiros do brejnevismo e a libertação nacional era uma lembrança apagada na maior parte do Terceiro Mundo. Mas o triunfo mundial do capitalismo ainda estava por vir. Quando terminou *Postmodernism*, no limiar dos anos 90, o Estado soviético ainda existia nominalmente. É a completa extinção da alternativa comunista, sua virtual eliminação dos registros históricos, seguida pelo avanço irrefreável do neoliberalismo no Terceiro Mundo, eliminando um após outro os vestígios de autonomia econômica – processo que agora se desenrola nos últimos bastiões do próprio Extremo Oriente – que dá o pano de fundo para o tom agora mais intransigente de Jameson. Os temas ideológicos do fim da história e da interrupção do tempo na meta do capitalismo liberal são objeto de uma ironia destotalizante no magnífico "Antinomias da pós-modernidade" (1994), com um redesenho das categorias kantianas para nosso iluminismo contemporâneo, e depois de forma mais direta em "Fim da arte – fim da história?" (1996), que calmamente põe um termo imprevisto à linha de Kojève e Fukuyama.[74] Outros textos proclamam o "débito" com Marx. Uma importante obra sobre Brecht está para ser publicada.[75]

Tais afirmações são intervenções políticas em toda a plenitude. No passado, os textos de Jameson foram por vezes tachados de um insuficiente compromisso com o mundo real dos conflitos materiais – lutas de classe ou levantes nacionais – e assim considerados "apolíticos". Esse foi sempre um equívoco de interpretação sobre um pensador firmemente engajado. Aqui notamos uma reserva teórica em relação ao "momentoso" que poderia levar à totalização histórica sem divisões pontuais na arena cultural – que se deve, sem dúvida, à tendência de não dar autonomia ao político, mas o oposto da sua abnegação: antes sua absorção na própria forma da totalidade. Isso mudou para uma triagem maior. Mas considerações desse tipo têm referências internas, aos problemas de teoria cultural enquanto tais. Na relação mais ampla dessa obra com o mundo exterior, a voz de Jameson não teve paralelo quanto à clareza e eloqüência de sua resistência aos ventos da época. Quando a esquerda era mais numerosa e confiante, a obra teórica de Jameson manteve uma certa distância dos acontecimentos imediatos. À medida que a esquerda se tornou cada vez mais isolada, assediada, e menos capaz de imaginar qualquer alternativa à ordem social vigente, Jameson passou a falar de forma sempre mais direta do caráter político da época, quebrando o feitiço do sistema:

> com que violência a benevolência é comprada
> que custo em gestos produz a justiça
> que equívocos envolvem os direitos domésticos
> que sorrateiro
> esse silêncio

Notas

1. Ver Mike Davis, "Urban Renaissance and the Spirit of Postmodernism", *New Left Review*, nº151, maio-junho de 1985, p.106-13.

2. *The Condition of Postmodernity*, Oxford, 1990, p.121-97. O equilíbrio dessa obra impressiona bastante.

3. *Against Postmodernism*, Cambridge, 1989, p.168.

4. "Modernity and Revolution", *New Left Review*, nº144, março-abril de 1984; republicado com um pós-escrito (1985) em *A Zone of Engagement*, Londres, 1992, p.25-55.

5. Ver T. J. Clark, "In Defense of Abstract Expressionism", *October*, nº69, verão de 1994, p.45.

6. *Raiding the Icebox*, p.135-50.

7. *Signatures of the Visible*, Nova York, 1992, p.61; igualmente, *Postmodernism*, p.36-7.

8. A frase é de Robert Hughes: *Nothing if Not Critical*, Nova York, 1990, p.14.

9. *Marxism and Form*, p.273.

10. *The Ideologies of Theory*, vol.2, p.178-208.

11. Clement Greenberg, *The Collected Essays and Criticism*, vol.4, Chicago, 1993, p.215, 179.

12. "A conseqüência de uma série de regressões de alguma imagem inicial do mundo real": "Warhol: the Silver Tenement", *Artnews*, verão de 1966, p.58. Steinberg discutiu essa passagem em *Other Criteria*, Nova York, 1972, p.91, onde caracterizou o "plano pictórico de múltiplas utilidades" de Rauschenberg como a base de uma "pintura pós-modernista".

13. O melhor relato das origens e efeitos do movimento é "Global Conceptualism" (no prelo), de Peter Wollen. Para uma crítica dos seus resultados, ver a versão de Benjamin para a alternativa Buchloh, "Conceptual Art 1962-1969: from the Aesthetics of Administration to the Critique of Institutions", *October*, nº55, inverno de 1990, p.105-43, que acusa o conceitualismo de um "expurgo da imagem e do talento, da memória e da visão" que paradoxalmente contribuiu para uma reinstauração do próprio "regime especular" que queria evitar. Essa argumentação está longe de ser superada.

14. O texto de Danto é o "ensaio guia" da coletânea organizada por Beryl Lang, *The Death of Art*, Nova York, 1984, p.5-35, com o restante constituído de respostas a ele.

15. *After the End of Art*, Princeton, 1997, p.112, 185: "Uma bala que é uma obra de arte não precisa ser uma bala especialmente boa. Precisa apenas ser uma bala produzida com a intenção de ser uma obra de arte. Pode-se ainda comê-la, se a sua comestibilidade for consistente com o fato de ser arte."

16. *After the End of Art*, p.12, 30-1, 37.

17. *Das Ende der Kunstgeschichte. Eine Revision nach zehn Jahre*, Munique, 1995, p.12. Discuti as origens culturais da idéia de *pós-história* em "The Ends of History", *A Zone of Engagement*, p.279-375.

18. *The Return of the Real*, p.36.

19. *The Return of the Real*, p.206.

20. Ver F.-A. Aulard, *La Société des Jacobins. Recueil de documents*, vol.V, Paris, 1895, p.601-4. Nenhum historiador duvida de que Danton e Hébert também pertenceram à Revolução.

21. Compare-se David Perkins, *A History of Modern Poetry – Modernism and After*, Cambridge, Mass., 1987, p.331-53, com Paul Hoover (org.), *Postmodern American Poetry*, Nova York, 1994, p.xxv-xxxix. Se quisermos nos estender para além das artes, a filosofia é um campo óbvio para o mesmíssimo contraste – Rorty numa ponta, Derrida na outra.

22. Sobre essa dualidade ver, em especial, Raymond Williams, *The Politics of Modernism*, Londres, 1989, p.55-7 ss.

23. *Raidind the Icebox*, p.158-61, 208. Para outra leitura atraente do primeiro Warhol, marcando um declínio a partir de 1966, ver Thomas Crow, *Modern Art in the Common Culture*, New Haven, 1996, p.49-65. O livro tem talvez o melhor esboço – inclusive estético, mas historicamente incisivo – da dialética original do modernismo e da cultura de massa nas artes visuais.

24. *Raiding the Icebox*, p.206.

25. *The Return of the Real*, p.205-6. Pode-se arriscar que as observações de Foster refletem um desapontamento mais geral de *October*, a publicação onde apareceram originalmente e cujo papel-chave ao propor versões radicais das possibilidades pós-modernas nas artes visuais, após os ensaios desbravadores de Rosalind Krauss, Doug-

las Crimp e Craig Owens em 1979-1980, ainda tem que ser documentado de forma adequada. O volume coletivo organizado por Foster em 1983, *The Anti-Aesthetic*, que incluiu o discurso de Jameson no Museu Whitney, é representativo desse momento. Sobre a mudança de tom no final dos anos 80, compare-se por exemplo o mordaz "Postmodern History at the Musée d'Orsay", de Patricia Mainardi, *October*, nº41, verão de 1987, p.31-52. Essa é a trajetória que já pode ser encontrada em Hassan ou Lyotard. Os pontos de vista "infra" não encontram as mesmas dificuldades – embora por vezes devessem, talvez. Para um divertido exemplo de imperturbável *suivisme*, aplaudindo exatamente o que de início foi deplorado, ver o alegre conto de Robert Venturi e Denise Scott Brown sobre como a "ornamentada plumagem" foi abandonada pelo "pato" em seu refúgio no deserto: "Las Vegas after its Classic Age", em *Iconography and Eletronics upon a Generic Architecture – A View from the Drafting Room*, Cambridge, Mass., 1996.

26. "Thatcher's Artists", *London Review of Books*, 30 de outubro de 1997, p.9.

27. *Late Marxism – Adorno, or, the Persistence of the Dialectic*, Londres, 1990, p.11, 143.

28. *Late Marxism*, p.249.

29. *The Seeds of Time*, Nova York, 1994, p.xiv.

30. Compare-se sua *Modern Architecture – A Critical History*, Londres, 1992, p.306-11.

31. OMA, Rem Koolhaas, Bruce Mau: *S,M,X,XL*, Roterdã, 1995, p.xix.

32. "XXL: Rem Koolhaas's Great Big Buildingsroman", *Village Voice Literary Supplement*, maio de 1996.

33. "Space Wars", *London Review of Books*, 4 de abril de 1996.

34. Ver *The Cultural Turn*, p.135.

35. *Signatures of the Visible*, p.85.

36. Ver *The Cultural Turn*, p.135.

37. *Postmodernism*, p.306.

38. *The Seeds of Time*, p.152-9.

39. Gramsci tomou muito de sua argumentação a Croce, mas dirigiu-a mais incisivamente a favor da Reforma. Para suas principais reflexões, ver *Quaderni del Carcere*, Turim, 1977, vol.II, p.1129-30, 1293-94; vol.III, p.1858-62.

40. *The Illusions of Postmodernism*, Oxford, 1997, p.1.

41. *The Illusions of Postmodernism*, p.24.

42. Compare-se *The Illusions of Postmodernism*, p.19, 134.

43. *Raiding the Icebox*, p.205, 209.

44. Simon During, "Postmodernism or Postcolonialism?", *Landfall*, vol.39, nº3, 1985, p.369; "Postmodernism or Postcolonialism Today", *Textual Practice*, vol.1, nº1, 1987, p.33. Esses dois textos neozelandeses, ambos censurando Jameson, trazem a primeira e mais clara afirmação de temas-chave dessa literatura. Para obser-

vações sobre um "roteiro realista subjacente" à literatura pós-colonial, ver Stephen Slemon: "Modernism's Last Post", em Ian Adam e Helen Triffin (orgs.), *Past the Last Post*, uma contribuição canadense, Nova York, 1991, p.1-11.

45. Ver, em especial, Arif Dirlik, "The Postcolonial Aura: Third World Criticism in the Age of Global Capitalism", *Critical Enquiry*, inverno de 1994, p.328-56; e Aijaz Ahmad, "The Politics of Literary Postcoloniality", *Race and Class*, outono de 1995, p.1-20.

46. Ver Bill Ashcroft, Gareth Griffiths, Helen Triffin, *The Empire Writes Back: Theory and Practice in Colonial Literatures*, Londres, 1989, p.2; os autores escrevem da Austrália.

47. Ver Shaobo Xie, "Rethinking the Problem of Postcolonialism", *New Literary History*, vol.28, nº1, inverno de 1977 (edição sobre "Estudos culturais: a China e o Ocidente"), p.9 ss.

48. *Late Marxism*, p.249.

49. "Modernity and Revolution", *A Zone of Engagement*, p.40, 54.

50. "Postmodernism and Postmodernity in China: an Agenda for Inquiry", *New Literary History*, inverno de 1997, p.144.

51. *Gargantua – Manufactured Mass Culture*, Londres, 1997, p.6-7, 10-1, 75-7, 214, 230-1.

52. *The Geopolitical Aesthetic – Cinema and Space in the World System*, Londres, 1992, p.120, 211.

53. *Raiding the Icebox*, p.197, 202-4.

54. *The Geopolitical Aesthetic*, p.155. Os comentários de Jameson sobre o vazio das altas formas metropolitanas na América do Norte e, de forma mais geral, no Primeiro Mundo, foram consistentemente incisivos – por vezes até indevidamente incisivos, pode-se dizer. Ver, por exemplo, sua entrevista em *Left Curve*, nº12, 1988; "Americans Abroad: Exogamy and Letters in Late Capitalism", em Steven Bell et al. (orgs.), *Critical Theory, Cultural Politics, and Latin American Narrative*, Notre Dame, 1991; e a introdução à edição especial de *South Atlantic Quarterly* sobre o pós-modernismo na América Latina, verão de 1993.

55. "Magie", *Oeuvres*, Paris, 1945, p.399. Jameson traduz isso assim: "só duas vias se abrem à pesquisa mental: a estética e a economia política" (*Postmodernism*, p.427), omitindo o crucial "onde se bifurca a nossa necessidade".

56. *Postmodernism*, p.265.

57. *The Cultural Turn*, p.136-44 ss., 184-85 ss.

58. *The Political Unconscious*, p.17, 20.

59. *The Political Unconscious*, p.75.

60. *The Political Unconscious*, p.76-7.

61. *Postmodernism*, p.265.

62. Para a mais completa meditação de Jameson sobre a máxima de Mallarmé e seus efeitos para os conceitos de política, ver sua entrevista no periódico *Alif*, do

Cairo, "Sobre a teoria marxista contemporânea", nº10, 1990, p.124-9, a partir de um curso que deu no Egito.

Deve-se dizer que o próprio Mallarmé não deve ser reduzido à dicotomia de *Magie*. Durante a crise Mac-Mahon de 1876-77, quando a constituição da Terceira República ficou na berlinda, ele publicou um artigo em *La République des Lettres* declarando que "nada menos que a soberania do povo" estava em jogo, sob a retranca – com efeito – de *La Politique*. Para esse texto ver P. S. Hambly, "Un article oublié de Stéphane Mallarmé", *Révue d'Histoire Littéraire de la France*, janeiro-fevereiro de 1989, p.82-4. Foi nesse contexto – intensamente agitado – que lançou sua famosa e vibrante declaração: "a participação de um povo até aqui ignorado na vida política da França é um fato social que honrará todo o final do século XIX. Encontra-se um paralelo em questões artísticas, sendo o caminho preparado por uma evolução que o público com rara presciência considerou desde o início intransigente, o que em linguagem política significa radical e democrática" (em "The Impressionists and Edouard Manet", setembro de 1876). Duas décadas depois, foi a crise de 1893 do Panamá que forneceu o palco para o primeiro retorno de Mallarmé ao comentário político com o texto que se tornou *Ou*, o primeiro dos "Grands Faits Divers" reunidos em *Divagações*, dos quais *Magie*, do mesmo ano, foi o segundo cronologicamente. Ambos têm uma aversão indomável ao fetichismo financeiro, à alquimia da especulação. *Fumée le milliard, hors le temps d'y faire main basse: ou, le manque d'éblouissement voire d'interêt accuse qu'élire un dieu n'est pas pour le confiner à l'ombre des coffres de fer et des poches – La pierre nulle, qui rêve l'or, dite philosophale: mais elle annonce, dans la finance, le futur crédit, précédant le capital ou le réduisant à l'humilité de monnaie!* – ver *Oeuvres*, p.398, 400. [Um bilhão vira fumaça antes que se ponham as mãos nele: ou a falta de fascínio ou mesmo de interesse indica que não se elege um deus para confiná-lo à sombra dos cofres de ferro e dos bolsos – a pedra nula, que sonha em virar ouro, dita filosofal: mas ela anuncia em finanças o crédito futuro, que precede o capital ou o reduz à humildade de moeda!] Com efeito, pensamentos de interesse do momento, que só podiam guiar o penúltimo ensaio de Jameson em *The Cultural Turn*.

Quando Mallarmé escreveu sua série de artigos "Variations sur un Sujet" na *Revue Blanche*, em 1895, Dreyfus tinha sido condenado e as nuvens políticas do caso se acumulavam. A essa altura, sua desilusão com os regimes parlamentares oportunistas da época era total: *Jaunes effondrements de banques aux squames de pus et le candide camelot apportant à la rue une réforme qui lui éclate en la main, ce répertoire – à défaut, le piétinement de Chambres où le vent-coulis se distrait à des crises ministérielles – compose, hors de leur drame propre à quoi les humains sont aveugles, le spectacle quotidien* – ver *Oeuvres*, p.414. [Falências fraudulentas de bancos, com crostas de pus, e o inocente camelô que traz para a rua uma reforma que lhe explode na mão: esse repertório – ou, à sua falta, a teimosia das Câmaras onde as correntes de ar se desviam das crises ministeriais – compõe, além do próprio drama deles, para o qual os seres humanos são cegos, o espetáculo cotidiano.] O texto de onde foi retirada essa passagem, *La Cour* ("pour s'aliener les partis"), foi a mais reveladora das intervenções de Mallarmé aquele ano – um notável exemplo da fusão de motivos "aristocratas" e "proletários" na cultura de vanguarda da época. Para aferir a importância dos artigos de Mallarmé na *Revue Blanche* é necessário lembrar o seu contexto. Eles apareceram em edições da revista não apenas junto com desenhos de Toulouse-Lautrec, Vallotton e Bonnard, mas também lado a lado com artigos elogiosos sobre Bakunin, Hersen, Proudhon e Marx – uma resenha comemorativa de Charles Andler sobre a publicação do terceiro volume do *Capital*, para não falar de uma série em onze partes com as memórias do *enragé* general Rossignol, comandante hébertista da repressão da Vendée, celebrado com uma heróica representação de Vuillard. Ver *La Revue Blanche*, 1895, VIII, p.175-8, 289-99, 391-5, 450-4; IX, p.51-63 etc.; e para a primeira nota sobre Dreyfus atacando seus "engenhosos torturadores na ilha do Diabo", ver VIII, p.408.

Um cuidadoso estudo da evolução política de Mallarmé ainda está por ser escrito. A publicação atrasada de trecho substancial de uma obra projetada por Sartre sobre o poeta, que data de 1952, sugere o que não percebemos: ver "L'Engagement de Mallarmé", *Obliques*, nº18-19, 1979, atualmente disponível com o título de *Mallarmé – La Lucidité et sa Face d'Ombre*, Paris, 1986. O desaparecimento do manuscrito integral deve ser considerado uma grande perda. O fragmento que sobrevive deixa claro que essa, com toda probabilidade, teria sido uma verdadeira obra-prima biográfica de Sartre: mais rica em detalhe e mais incisiva no enfoque do que seu texto seguinte sobre Flaubert.

63. *The Geopolitical Aesthetic*, p.212.

64. Ibid.

65. *Postmodernism*, p.298 ss.

66. *Postmodernism*, p.302.

67. *Postmodernism*, p.409.

68. "On Cultural Studies", *Social Text*, nº34, 1993, p.51.

69. Monografia apresentada em conferência sobre o pós-modernismo em Changsha, Hunan, em junho de 1997.

70. *Signatures of the Visible*, p.29.

71. *The Ideologies of Theory*, vol.2, p.101.

72. *Postmodernism*, p.313.

73. Ver *The Cultural Turn*, p.87.

74. Ver *The Cultural Turn*, p.50-72 e 73-92.

75. Ver "Marx's Purloined Letter", *New Left Review*, nº209, janeiro-fevereiro de 1995; e *Brecht and Method* (no prelo), Londres-Nova York, 1998.

Índice onomástico

1ª EDIÇÃO [1999]

ESTA OBRA FOI COMPOSTA POR TOPTEXTOS EDIÇÕES GRÁFICAS EM ADOBE GARAMOND E IMPRESSA PELA UMLIVRO EM PROCESSO DE IMPRESSÃO SOB DEMANDA SOBRE PAPEL ALTA ALVURA DA SUZANO S.A. PARA A EDITORA SCHWARCZ A PARTIR DE AGOSTO DE 2020

FSC
www.fsc.org
MISTO
Papel produzido a partir de fontes responsáveis
FSC® C128038

A marca FSC® é a garantia de que a madeira utilizada na fabricação do papel deste livro provém de florestas que foram gerenciadas de maneira ambientalmente correta, socialmente justa e economicamente viável, além de outras fontes de origem controlada.